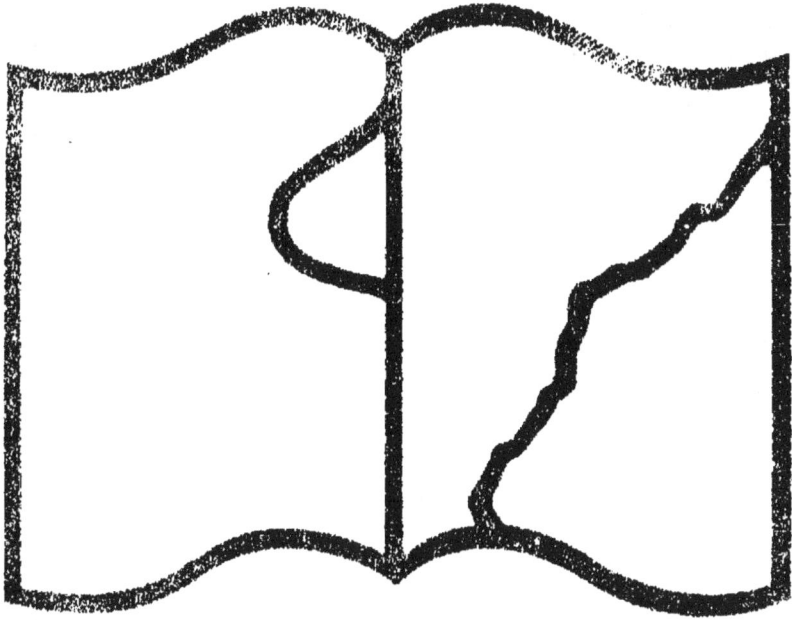

Couvertures supérieure et inférieure
détériorées

LES AVENTURES
D'UNE CASSETTE

ÉPISODES

DE L'INVASION DE 1814

PAR

THÉOPHILE MÉNARD

TOURS

ALFRED MAME ET FILS

ÉDITEURS

BIBLIOTHÈQUE DE LA JEUNESSE CHRÉTIENNE

FORMAT IN-8° — 3e SÉRIE

BIBLIOTHÈQUE

DE LA

JEUNESSE CHRÉTIENNE

APPROUVÉE

PAR Mgr L'ARCHEVÊQUE DE TOURS

—

3e SÉRIE IN-8°

Aussitôt on vit voler en éclats les bois, les planches
et les charrettes de la barricade. (P. 117.)

LES AVENTURES
D'UNE CASSETTE

ÉPISODES

DE L'INVASION DE 1814

PAR

THÉOPHILE MÉNARD

—

DIXIÈME ÉDITION

TOURS

ALFRED MAME ET FILS, ÉDITEURS

—

M DCCC LXXVI

LES AVENTURES

D'UNE CASSETTE

ÉPISODES DE L'INVASION DE 1814

INTRODUCTION

Vers la fin d'octobre 185..., j'arrivais à quatre
heures et demie du matin à la gare du chemin de fer
d'Orléans, de retour d'un voyage de plusieurs mois
dans le sud-ouest de la France. Le convoi qui m'avait
amené était très-considérable, comme c'est l'ordinaire
à cette époque de l'année ; l'approche de la mauvaise
saison et la rentrée des tribunaux et des écoles rap-
pellent à Paris une foule de personnes qui l'avaient
quitté pour jouir des douceurs de la villégiature ou

de loisirs que leur donnent les vacances. En un instant les quais de la gare furent envahis par une armée de voyageurs de tout âge et de tout sexe, au costume varié, indescriptible, ayant presque tous l'air effaré de gens qui ont passé la nuit sans sommeil, ou dont le sommeil a été subitement interrompu. Puis cette foule se précipite dans la salle où sont entassés les bagages; chacun se hâte de reconnaître les siens, de les faire visiter par les employés de l'octroi, et de chercher une voiture pour regagner son domicile.

Au milieu de ce brouhaha, malgré la surveillance active des sergents de ville, des employés du chemin de fer et de l'octroi, il est bien difficile qu'il n'y ait pas de temps en temps quelques soustractions, ou tout au moins quelques erreurs.

C'est d'un fait de ce dernier genre que je fus victime ce jour-là; mais je n'ai pas eu à m'en plaindre, comme le verra le lecteur s'il veut se donner la peine de lire jusqu'au bout cette très - véridique histoire.

Deux malles, quelques caisses renfermant des objets que j'avais achetés à Bayonne, et un sac de nuit, en tout huit *colis* (terme de messagerie), composaient mon attirail de voyage. Après les formalités de la visite de l'octroi, j'avais rangé mes bagages sur cette espèce de table ou de comptoir qui s'étend dans toute la longueur de la salle, attendant que je pusse

les faire enlever. A droite et à gauche s'élevaient
en monceaux sans fin des paquets, des malles, des
coffres de toute forme et de toute grandeur, appartenant à deux familles, dont l'une, celle de droite,
était composée d'un vieillard à la figure vénérable,
aux cheveux blancs comme neige, et qui avait dans
l'ensemble de ses traits, de ses gestes, de son attitude, ce cachet de distinction qui n'appartient qu'aux
personnes bien élevées; de sa femme, qui paraissait
presque aussi âgée que lui, mais dont je ne pouvais
apercevoir la figure, cachée qu'elle était par un voile
noir et par les fourrures de sa pelisse; enfin, de deux
jeunes gens de quatorze à quinze ans en uniforme de
lycéens, et qui étaient probablement les petits-fils
des deux vieux époux dont je viens de parler. L'autre
famille, celle de gauche, était espagnole, et me parut
composée de cinq ou six personnes; mais à peine la
remarquai-je, tant mon attention s'était portée sur
la première, ou plutôt sur le beau vieillard qui en
paraissait le chef.

J'attendais, tout en faisant mes observations, le
retour d'un commissionnaire que j'avais envoyé me
chercher une voiture. Enfin il arriva, et au moment
où il me remettait le numéro de la voiture retenue,
un domestique en livrée, le chapeau à la main,
s'avançait auprès de mes voisins de droite, et leur
annonçait l'arrivée de leur voiture.

1*

« C'est bien, répondit le vieillard en offrant le bras à sa compagne et en se dirigeant vers la porte de sortie; nous allons nous rendre sur-le-champ à l'hôtel; vous, Joseph, vous aurez soin de faire mettre tous nos effets dans une voiture de place, et vous nous suivrez. Faites-vous aider, si vous en avez besoin, par un commissionnaire. »

Celui que j'employais, et qui déjà commençait à charger mes bagages sur sa brouette, en entendant ces derniers mots, dit à Joseph : « Si vous voulez, je vais vous aider, car en un seul tour j'aurai transporté tous les effets de monsieur. »

Joseph y consentit, et mon commissionnaire se hâta d'entasser mes malles et mes caisses dans un *camion à bras*, comme il l'appelait. Je surveillais d'un œil assez distrait cette opération, ou plutôt, ne soupçonnant pas que mon homme pût commettre d'erreur, je m'amusais à regarder le mouvement qui se faisait autour de moi, et à écouter le bourdonnement confus de tant de voix qui parlaient à la fois. Enfin mon homme poussa sa machine roulante, et en quelques pas nous nous trouvâmes auprès de la voiture qui m'attendait.

J'assistai encore à l'opération du chargement des effets, qui furent logés partie sur l'impériale de la voiture, et partie dans l'intérieur. Je comptai bien mes huit *colis*, tels que je croyais les avoir rangés

sur la table; mais l'obscurité ne me permit pas de
vérifier leur identité, ou plutôt je n'y songeai même
pas, n'ayant pas à cet égard le moindre soupçon; je
me jetai donc dans le fond de la voiture, ayant hâte
d'arriver chez moi et de trouver mon lit pour me
reposer de deux nuits passées sans sommeil, et de la
fatigue d'un voyage de huit cents kilomètres, tout
d'une traite, en chemin de fer.

Il était près de six heures du matin quand la voiture s'arrêta rue Caumartin, à la porte de la maison
que j'habite. Il faisait encore nuit; le concierge, que
j'eus assez de peine à réveiller, aida le cocher à dé-
charger les effets et à les transporter dans mon logement à l'entre-sol. Pendant cette opération, j'étais
entré dans ma chambre à coucher, et j'étais tellement pressé de me reposer, que je me contentai de
crier à travers la porte au concierge :

« Avez-vous bien tout apporté?

— Oui, Monsieur; il y a deux malles, un sac de
nuit, quatre caisses et un petit coffre : en tout huit
articles.

— C'est bien cela ; maintenant fermez ma porte
et venez me réveiller à midi. » Et je me mis au lit,
où je ne tardai pas à m'endormir d'un profond sommeil.

Je dormais encore, quand le concierge, fidèle à
sa consigne, vint me réveiller. Mon premier soin,

après m'être habillé, fut de mettre en ordre les objets que j'avais rapportés de mon voyage. Je m'aperçus alors qu'il me manquait un petit coffre dans lequel j'avais serré du linge, plusieurs volumes et des manuscrits dont j'avais fait emplette à Bayonne, et qui étaient relatifs à la langue basque; car pendant mon séjour dans les Basses-Pyrénées j'avais fait une étude particulière de cette langue. Je regrettais plusieurs de ces ouvrages fort curieux, surtout une grammaire *escuarienne* (c'est le nom que les Basques donnent à leur langue) devenue extrêmement rare aujourd'hui, et dont je n'avais pu trouver qu'un seul exemplaire à Bayonne.

A la place du petit coffre qui avait contenu mes emplettes de bibliophile, je trouvai une espèce de cassette ou de petit coffre à peu près de la même grandeur que le mien, mais beaucoup plus vieux et surtout moins propre. Il était en chêne, assez grossièrement travaillé; le couvercle, fort épais, portait à l'un de ses angles, et dans quelques autres parties, des traces anciennes d'un commencement de carbonisation, comme si ce meuble eût été soumis à l'action du feu, soit dans un incendie, soit par suite de tout autre accident.

La vue de ce malencontreux coffre me faisait regretter plus vivement la perte du mien, dont il ne pouvait guère me dédommager. Mais comment retrouver ceux à qui il appartenait? Était-ce à la famille du vieillard qui était à ma droite, ou aux Espagnols qui étaient à ma gauche? La malpropreté et l'état délabré de ce meuble me faisaient supposer qu'il devait appartenir à ces derniers, d'autant plus que dans le coup d'œil que j'avais jeté sur les bagages des deux familles, je n'avais remarqué dans ceux de la première que des malles en cuir, des valises, des étuis, des caisses, le tout fort propre, tandis que de l'autre côté, de vieilles caisses, des malles en bois recouvertes d'une peau déchirée ou usée, des sacs de toile grossière, avaient frappé ma vue; d'où je conclus que le coffre en question devait faire partie du mobilier espagnol.

Je voulus rechercher si je ne trouverais pas quelque adresse ou quelque signe qui me mettrait sur la trace de son origine. Je le soulevai par la poignée de fer attenante au couvercle, et le plaçai sur ma table. Je m'aperçus alors qu'il était fort lourd, eu égard à son volume; et je me dis en riant : « Tiens ! serait-ce pas hasard le coffre-fort des Espagnols, et serait-il garni de piastres? » Puis je me mis à chercher un nom, une adresse quelconque; mais je n'aperçus que des traces de ces numéros que l'on colle au chemin de fer sur les objets appartenant aux voyageurs. On en avait mis un grand nombre les uns sur les autres, ce qui indiquait que le susdit coffre avait souvent voyagé ; mais ces numéros ne pouvaient me donner aucun indice, d'autant moins que le dernier avait été en partie déchiré par le frottement, et que l'on ne pouvait lire le nom de la ville où il avait été apposé.

Enfin, en le retournant, j'aperçus une clef attachée à une corde qui entourait le coffre des quatre côtés, et qui servait à assujettir le couvercle mieux encore que ne pouvait le faire la serrure. Je détachai cette corde, et j'ouvris la cassette dans l'espoir de trouver dans l'intérieur ce que je n'avais pu découvrir au dehors. Une couche épaisse de rognures de papier, dont on se sert dans les emballages pour remplir les vides, s'offrit d'abord à ma vue ; je l'enlevai, et bientôt j'aperçus un joli petit nécessaire en bois de palissandre, avec des incrustations en nacre de perles et argent. Sur une plaque d'argent, placée au milieu du couvercle, étaient gravées en chiffres les lettres A et V, surmontées d'une couronne de baron, avec cette devise inscrite autour de la couronne : *Ce que Dieu garde est bien gardé*. Ce nécessaire était un véritable chef-d'œuvre, sorti probablement des magasins de Tahan ou d'Alphonse Giroux. Sa longueur était juste de la largeur du coffre, dont il remplissait à peu près la moitié. Dans la partie laissée vide par le nécessaire se trouvaient dix-huit couverts d'argent, portant le même chiffre, la même couronne et la même devise que j'avais déjà remarqués. En dessous, une douzaine de couteaux à manche d'argent étaient renfermés dans une boîte recouverte en chagrin, et divisée en douze compartiments. Une autre boîte, ou étui plus petit, contenait une douzaine de cuillers à café en vermeil ; enfin différents autres objets, tels que pincettes à sucre, salières en cristal montées en argent, statuettes de porcelaine enveloppées dans de la ouate, garnissaient le reste du coffre.

Après avoir fait cet inventaire, je m'écriai : « Bon ! voilà ma grammaire basque retrouvée ! » Car, quoique je n'eusse découvert aucun nom ni aucune adresse, je pensais bien que les personnes à qui appartenaient ces objets ne manqueraient pas de les réclamer, et s'empresseraient de me rapporter mon coffre, pour l'échanger contre le leur. Pour faciliter leurs recherches, je me hâtai d'aller à la police faire la déclaration de ce qui m'était arrivé, et en même temps de le faire annoncer dans les journaux.

Je ne m'étais pas trompé. Le lendemain, sur les cinq heures après midi, mon portier, qui faisait pour moi les fonctions de valet de chambre, vint m'annoncer la visite de M. le baron de Villette. Au même instant je vis entrer dans ma chambre le vieillard à cheveux blancs dont l'aspect m'avait tant frappé à la gare du chemin de fer. Il tenait sous son bras mon petit coffre, et, aussitôt les saluts échangés, il me le tendit en disant :

« Je viens, Monsieur, vous restituer ce qui vous appartient, et vous réclamer ce que vous avez eu la bonté de conserver pour moi.

— Je vous demande mille pardons, Monsieur, répondis-je, d'être la cause involontaire de la méprise qui vous a obligé à cette démarche. Je vous l'aurais épargnée si j'avais connu votre adresse, et je me serais empressé de vous reporter le premier votre cassette, changée si étourdiment contre la mienne.

— Il n'y a pas de votre faute, Monsieur ; la méprise qui a eu lieu pouvait être facilement commise par votre commissionnaire. Il ne connaissait pas les objets qui vous appartenaient ; mais Joseph, mon vieux Joseph, qui me sert depuis plus de vingt-cinq ans, qui connaît tout ce qui m'appartient, et particulièrement cette cassette, ne s'est aperçu de rien, et c'est ma femme qui la première a remarqué l'absence de ce coffre, auquel elle tient beaucoup.

— Je le crois, repris-je, car il contient des objets fort précieux, et je m'étonne que vous ne les ayez pas serrés dans quelque malle plus solide et mieux fermée, au lieu de les abandonner en quelque sorte dans un coffre d'une solidité douteuse, et encore avec la clef pour en faciliter l'ouverture.

— Votre remarque est très-naturelle, répondit en souriant le baron ; mais elle cesserait de l'être si vous saviez quelle confiance superstitieuse ma femme et moi nous attachons à ce meuble, dont la valeur intrinsèque est à peu près nulle. Ainsi, quand je vous disais que ma femme y tenait beaucoup, vous avez cru que c'était à cause des objets qui y étaient renfermés : eh bien, détrompez-vous; elle eût volontiers sacrifié toute l'argenterie qui s'y trouvait, même le joli nécessaire que vous avez dû remarquer, et qui est un cadeau de sa fille, pour ravoir sa cassette toute seule, toute nue, sa chère cassette qu'elle appelle son *porte-bonheur*.

— J'avoue, Monsieur, que vous m'étonnez.

— Je vous étonnerais bien davantage, interrompit le baron, si je vous racontais l'histoire de cette cassette..., car c'est toute une histoire...; mais cela ne vous offrirait aucun intérêt, et je ne veux pas abuser de vos moments : je vais donc prendre congé de vous. Permettez-moi cependant de vous présenter une requête de la part de ma femme, qui m'aurait accompagné pour vous faire ses remercîments, si sa santé le lui eût permis; elle m'a chargé de vous prier instamment de nous faire l'honneur de venir dîner en famille dimanche prochain, afin qu'elle puisse vous témoigner de vive voix sa reconnaissance.

— En vérité, Monsieur, je suis confus de vos bontés et de celles de madame; mais ni elle ni vous vous ne me devez rien : je n'ai fait que remplir le devoir le plus vulgaire d'un honnête homme en vous

rendant les objets de prix que le hasard avait mis
entre mes mains.

— Allons, vous ne me comprenez pas, encore une
fois : ce n'est pas pour lui avoir rendu ces objets dont
vous parlez qu'elle veut vous remercier, c'est pour
lui avoir conservé sa précieuse cassette. C'est pour
elle un talisman auquel elle attache un prix inesti-
mable ; aussi elle me disait, au moment de partir
pour venir chez vous : « Tu verras que ma cassette va
nous faire faire la connaissance d'un galant homme ;
c'est ainsi qu'elle nous dédommage toujours des
désagréments qu'elle nous cause. » Vous ne voudriez
pas sans doute tromper le pressentiment de ma
femme ?

— Vraiment, Monsieur, vous êtes si engageant,
qu'on ne saurait vous refuser.

— Allons, c'est très-bien, dit-il en se levant ; à
dimanche donc. »

Il me remit son adresse, donna la cassette à son
domestique Joseph, qui l'avait suivi, et se retira.

Le lendemain de la visite de M. de Villette, je
pris des informations sur lui. Ce n'est pas que je
doutasse un instant de sa parfaite honorabilité ;
mais, quand on débute dans une famille, on doit
tenir à connaître sa condition sociale, et l'on ne
peut pas décemment aller demander au maître de la
maison : « Avez-vous été militaire, ou magistrat ? Êtes-

vous d'ancienne ou de nouvelle noblesse? » J'appris donc que M. le baron de Villette avait exercé pendant plus de trente ans les fonctions de receveur général des finances dans deux ou trois de nos plus riches départements; qu'il avait pris sa retraite depuis plusieurs années, après avoir obtenu pour son gendre la place qu'il occupait en dernier lieu; qu'il vivait fort simplement, quoique jouissant d'une grande fortune; mais qu'au lieu d'en employer le superflu en dépenses de luxe ou en coûteuses fantaisies, il le consacrait à des bonnes œuvres.

Ces renseignements ne firent qu'augmenter le désir que j'avais de cultiver une connaissance si singulièrement commencée, sans parler d'un autre désir non moins vif, celui de connaître l'histoire de cette mystérieuse cassette; car le peu que m'en avait dit M. de Villette avait fortement excité ma curiosité, et j'espérais bien, tout en ayant soin de ne pas me montrer indiscret, trouver l'occasion de la satisfaire.

C'est dans ces dispositions que j'arrivai au jour indiqué à l'hôtel de M. de Villette, rue de Varennes. Je reçus l'accueil le plus gracieux du maître et de la maîtresse de la maison. Je ne répèterai pas ici les choses flatteuses que me dit Mme de Villette, à la droite de laquelle je fus placé pendant le dîner.

C'était, comme me l'avait dit le baron, un dîner

de famille : il y avait les deux jeunes lycéens que j'avais remarqués à la gare, et qui étaient effectivement les petits-fils de M. et de Mme de Villette ; une dame d'un certain âge qui appelait sans cesse Mme de Villette ma cousine, ou plutôt ma *cougine*, avec un accent auvergnat des plus prononcés ; enfin le fils de cette dame, jeune homme de dix-neuf à vingt ans, qui était venu faire son droit à Paris, et que la maman avait voulu accompagner, pour le préserver des dangers de la capitale.

Après le dîner, nous passâmes dans un salon richement meublé, où l'on nous servit le café. J'avais jeté, en entrant, un coup d'œil rapide sur le magnifique mobilier qui décorait cette pièce, et je m'étais approché de quelques tableaux de maîtres, que j'examinai quelques instants avec un peu plus d'attention, quand tout à coup mes yeux se portèrent sur une fort belle console, en style Louis XV, sur laquelle était placé un meuble de Boule du travail le plus exquis ; puis, sur une autre console toute semblable, et comme pour servir de pendant au meuble de Boule, s'étalait majestueusement le fameux coffre de chêne à l'occasion duquel j'avais fait la connaissance de M. de Villette.

A cette vue, je ne pus m'empêcher de pousser une exclamation d'étonnement mal contenue. Le baron l'entendit, et, s'approchant de moi, il me dit : « Je

vois ce qui cause votre surprise ; vous ne vous atten-
diez pas à rencontrer dans un salon un meuble qui,
d'après son apparence, devrait être relégué dans un
grenier ; mais vous savez ce que je vous ai dit de
l'attachement de ma femme pour ce coffre si laid :
elle ne le changerait pas pour les plus jolis ouvrages
de Boule ou de Tahan.

— Certainement, reprit la baronne, qui avait entendu les derniers mots de son mari, je le préfère
aux créations des plus habiles artistes en ébénisterie
et en marqueterie ; mais, mon ami, tu devrais expli-
quer à Monsieur le motif de cette préférence : autrement il croira que je suis une femme sans goût,
incapable d'apprécier les chefs-d'œuvre qui font à
juste titre l'admiration de tous.

— Madame, repris-je, je n'aurais pas besoin de
l'explication que vous engagez monsieur votre mari
à me donner, pour être convaincu que vous savez
apprécier à leur valeur toutes les œuvres d'art ; mais
j'avoue que je n'en serais pas moins curieux d'apprendre les motifs qui vous font attacher un prix
d'affection tout particulier à un objet qui en paraît
si peu digne, persuadé qu'il y a, dans les causes
de cette préférence, quelque chose de bien plus
intéressant qu'une simple affaire de goût ou de
caprice.

— Allons, mon ami, te voilà mis en demeure de

justifier la bonne opinion de Monsieur sur mon compte.

— Je ne demande pas mieux; mais l'histoire est un peu longue, et pourrait finir par vous ennuyer.

— Je vous assure d'avance que cette histoire m'intéressera beaucoup, et que, si je n'avais pas craint de commettre une indiscrétion, je vous aurais prié moi-même le premier de me la raconter.

— Oh! oui, mon bon papa, s'écrièrent à leur tour les deux lycéens, racontez-nous l'histoire de la cassette de bonne maman. Nous en avons entendu quelques fragments par-ci par-là, mais jamais on ne nous l'a dite d'un bout à l'autre.

— Moi aussi, mon *cougin,* dit la dame d'Auvergne, je serais bien aise d'entendre cette histoire, dont m'a souvent parlé défunt mon mari. »

L'étudiant auvergnat, qui parlait fort peu, se contenta d'approuver d'un signe de tête ce que venait de dire sa mère.

« Allons, dit alors M. de Villette, puisque vous le voulez tous, j'y consens. »

Aussitôt tout le monde s'assit en demi-cercle autour de la cheminée, et M. de Villette commença en ces termes :

———

CHAPITRE I

L'invasion.

En 1813, j'étais employé comme premier commis dans les bureaux du receveur particulier des finances de l'arrondissement de Baume-les-Dames, département du Doubs. J'avais dû à ma qualité de fils unique de veuve d'être exempté du service militaire, et de pouvoir suivre la carrière à laquelle mes parents m'avaient destiné, avantage précieux à cette époque, où la conscription enlevait, dès l'âge de dix-huit ans, tous les jeunes gens en état de porter les armes.

Mon patron, M. Diétry, avait été autrefois très-lié avec mon père, à qui il avait eu de grandes obligations, et c'était le motif qui l'avait engagé à me prendre dans ses bureaux, afin de m'initier à la comptabilité, et de m'aider de tous les conseils de son expérience à mon entrée dans ma nouvelle carrière. Mme Diétry, qui avait aussi connu ma mère, était pour moi pleine de bonté, de sorte que j'étais plutôt regardé comme l'enfant de la maison que comme un simple employé. Les dimanches, nous allions faire des promenades

dans les environs, qui offrent des sites extrêmement
pittoresques; quelquefois nous faisions des parties
de pêche ou de chasse, selon la saison; en un mot,
je passais dans ce pays une existence fort agréable,
quand elle fut troublée par les grands événements
qui agitaient alors l'Europe, et surtout la France.

Cette année 1813 marquera dans nos annales
comme une des plus désastreuses pour la France. A
cet âge je m'occupais peu de politique; mais comment
ne pas s'intéresser aux choses qui vous touchent de si
près? Mon enfance et ma jeunesse, passées dans un
lycée, avaient été bercées au bruit des victoires de
Napoléon; j'avais en lui une foi aveugle, et je regar-
dais sa puissance comme au-dessus de toute atteinte.
La retraite si déplorable de Moscou n'avait pu ébranler ma confiance; et quand, dès le commencement
de 1813, il eut créé une nouvelle armée, et qu'avec
ses conscrits il eut remporté les victoires de Lutzen
et de Bautzen, puis plus tard celle de Dresde, je
croyais qu'il allait reprendre avec plus de vigueur
que jamais son ascendant sur l'Europe. Et cette pré-
vision se serait réalisée peut-être, sans les défaites
successives des lieutenants de Napoléon, défaites qui
le forcèrent à battre en retraite, pour ne pas être
débordé de toutes parts. Ce mouvement rétrograde
détermina les princes de la Confédération du Rhin
à déserter l'empire, et pour rendre leur défection

plus nuisibles à la cause de Napoléon, sans s'inquiéter si aux yeux de l'histoire elle ne prendrait pas le nom d'infâme trahison, ils l'effectuèrent pendant le vaste engagement qui avait lieu sous les murs de Leipzig. Napoléon, après une lutte de trois jours, fut contraint à la retraite, et son armée, non sans beaucoup de confusion, s'avança vers le Rhin. Les Bavarois voulurent s'opposer à son passage; mais ils furent écrasés à Hanau, et l'armée française rentra sur le territoire de l'empire, le 30 octobre 1813.

Il n'y avait plus d'illusion possible. La fin de cette campagne avait été plus désastreuse que celle de la campagne précédente, la retraite de Moscou ; la France était menacée dans ses propres limites, et il était évident que les puissances coalisées s'apprêtaient à envahir son territoire. Bientôt leurs intentions se manifestèrent d'une manière plus explicite, par la fameuse déclaration de Francfort, œuvre d'une diplomatie machiavélique, où l'empereur était présenté comme la seule cause des guerres européennes, et où l'on prodiguait à la France des témoignages d'admiration et de respect dont on devait si peu tenir compte l'année suivante (1). Cette proclamation, je ne sais

(1) Voici les principaux passages de cette pièce, devenue aujourd'hui fort rare : « Les puissances alliées, disaient les souverains, ne font « point la guerre à la France, mais à cette prépondérance que, pour le « malheur de l'Europe et de la France elle-même, l'empereur Napoléon

comment, fut répandue à profusion dans nos villes et dans nos campagnes, malgré la vigilance des autorités et de la police impériale. Elle ébranla la puissance de Napoléon plus que ne l'eussent fait vingt défaites; elle jeta sur le sol de la France le germe des divisions politiques qui devaient bientôt éclater, et porta le découragement dans le cœur de bon nombre de ceux qui ne séparaient pas la cause de l'empereur de celle de la patrie.

Le sous-préfet, le procureur impérial, le maire de la ville et quelques-uns des principaux habitants se réunissaient souvent chez M. Diétry; là on lisait les journaux, on lisait des lettres particulières; chacun apportait ses nouvelles, que l'on se communiquait tout bas; on n'osait exprimer tout haut son opinion; chacun était consterné.

Cependant les alliés ne franchirent pas le Rhin immédiatement après leur proclamation. Ils semblaient se recueillir avant de tenter une entreprise si au-

« a trop longtemps exercée hors des limites de son empire... Les sou-
« verains alliés désirent *que la France soit forte et heureuse, que le*
« *commerce y renaisse, que les arts y refleurissent, que son territoire*
« *conserve une étendue qu'elle n'a jamais connue sous ses rois,* parce que
« la puissance française, *grande et forte,* est en Europe une des bases
« fondamentales de l'édifice social; parce qu'un grand peuple ne saurait
« être tranquille qu'autant qu'il est heureux; parce qu'une nation va-
« leureuse ne déchoit pas pour avoir à son tour éprouvé des revers dans
« une lutte opiniâtre et sanglante où elle a combattu avec son audace
« accoutumée. »

dacieuse. Ce répit nous rendit un peu d'espoir. Déjà quelques optimistes de notre société assuraient que les ennemis n'avaient jamais eu l'intention d'envahir la France; qu'ils se contenteraient d'en avoir fait la menace, et qu'ils attendraient l'arme au bras, sur la rive droite du Rhin, le résultat des négociations qui allaient être ouvertes dans un congrès réuni à Manheim. D'autres, moins confiants, prétendaient que les alliés entreraient en France par la Hollande, la Belgique et les provinces du Rhin réunies à l'empire depuis la révolution, et qu'ils ne signeraient la paix que quand la France aurait été réduite à ses anciennes limites; mais, dans tous les cas, ils étaient persuadés que nous n'avions rien à craindre pour le pays que nous habitions, la neutralité de la Suisse, reconnue et jurée par les puissances, nous garantissant de toute invasion dans cette partie de nos frontières de l'Est.

Tout le mois de novembre et une partie de décembre se passèrent dans cette anxiété, et avec cette alternative de crainte et d'espérance. Mais tout à coup une nouvelle inattendue vint faire évanouir tous les doutes et dissiper toutes les illusions. Les armées alliées envahissaient la France sur tous les points; la neutralité de la Suisse, sur laquelle nous comptions pour nous garantir en Franche-Comté, avait été violée, et une armée de cent cinquante mille hommes, sous les ordres du général en chef Schwartzemberg,

avait franchi le Rhin depuis Bâle jusqu'à Schaffouse,
s'avançant à travers les cantons suisses le long de la
frontière de France, et menaçant de fondre comme
une avalanche des hauteurs du Jura sur les plaines
qu'arrosent le Doubs et la Saône.

Ce fut alors une panique générale. Aujourd'hui
que plus de quarante ans nous séparent de cette triste
époque, que l'histoire nous a révélé la suite et le dénoûment d'événements alors enveloppés dans les té-
nèbres de l'avenir, on se ferait difficilement une idée
du trouble, de la confusion et de l'épouvante qui se
répandirent tout à coup dans nos contrées. Toutes
les affaires étaient suspendues, toutes les habitudes
étaient rompues. On se réunissait par groupes dans
les rues, on s'abordait sans se connaître, on se demandait avec anxiété des nouvelles; et les nouvelles
vraies ou fausses ne manquaient pas, grossies encore
et souvent dénaturées par la peur ou par l'imagination. On entendait de toutes parts répéter ces mots :
« Qu'allons-nous faire? qu'allons-nous devenir? »
car à chaque instant l'avenir, et un avenir prochain,
s'annonçait sous un aspect de plus en plus sinistre.
Quand des voitures publiques ou des voyageurs arrivaient par la route de Belfort ou par celle de Besançon, on les entourait, on les accablait de questions,
et leurs rapports ne faisaient que redoubler l'inquiétude générale. L'ennemi, disait l'un, avait com-

mencé le siége d'Huningue et s'avançait sur Belfort;
un autre avait entendu le canon dans la direction
d'Altkirch; un troisième annonçait que l'ennemi
avait franchi le Jura près de Pontarlier, s'était em-
paré de cette ville, et se préparait à marcher par
Ornans sur Besançon.

Les mesures prises par l'autorité supérieure ne
confirmaient que trop ces tristes rumeurs. Un séna-
tus-consulte avait ordonné une levée extraordinaire
de trois cent mille hommes. On pressait activement
le départ des nouveaux conscrits, qui s'empressaient
peu de répondre à l'appel. Des estafettes se croisaient
dans tous les sens; on faisait des réquisitions de
vivres et de fourrages pour l'approvisionnement de
Besançon, la seule place forte qui fût dans notre
voisinage. Bientôt la gendarmerie reçut l'ordre de se
réunir au chef-lieu du département, et son départ
suspendit et les réquisitions et l'appel des conscrits,
mais livra le pays aux entreprises des malfaiteurs,
des gens sans aveu, qui profitent de toutes les crises,
de tous les malheurs publics, pour lever la tête et se
livrer impunément à leurs coupables entreprises.

Enfin M. Diétry reçut aussi l'ordre de transporter
à la recette générale, à Besançon, sa caisse et tous
les registres et papiers de la comptabilité; son départ
devait coïncider avec celui de la gendarmerie, qui
lui servirait d'escorte.

Il eut d'abord la pensée d'emmener avec lui sa femme et sa nièce, jeune fille de douze à treize ans, qu'il aimait comme son enfant, et de rester à Besançon jusqu'à la fin des événements. Pour moi, je devais rejoindre ma mère, qui habitait Orléans; mais Mme Diétry tremblait à l'idée de s'enfermer dans une ville de guerre, et de s'exposer à toutes les horreurs d'un siége. On connaissait l'énergie du général Marulaz, qui commandait cette place, et qui avait répété qu'il s'ensevelirait sous ses ruines plutôt que de la rendre. M. Diétry finit par se ranger à l'opinion de sa femme, et il fut convenu qu'il reviendrait immédiatement après avoir rendu ses comptes à la recette générale, et qu'alors on aviserait au parti qu'il faudrait prendre. En attendant, je resterais avec Mme Diétry, qui ne pouvait pas demeurer seule avec une enfant et une femme de chambre pendant l'absence de son mari.

Le premier moment de stupeur passé, une fois qu'il ne fut plus possible de douter que bientôt, dans quelques jours peut-être, nous allions être envahis, chacun pensa au moyen de soustraire à la vue des soldats étrangers ses effets les plus précieux. Plusieurs personnes, rassurées par la proclamation des souverains alliés, soutenaient que c'était une précaution inutile et même injurieuse; d'autres, et c'était l'avis surtout des anciens militaires, regar-

daient aussi la précaution comme inutile, mais par
un motif tout différent : c'était, disaient-ils, que
les soldats savaient découvrir les cachettes les plus
secrètes, et que, si une ville était livrée au pillage, il était impossible de rien soustraire à leur
avidité.

Au milieu de ces opinions contradictoires, Mme Diétry était dans une grande perplexité. Elle avait des
objets précieux et des valeurs considérables, et sa
maison ne lui offrait pas un seul endroit où elle crût
pouvoir les mettre en sûreté. D'ailleurs, dans sa
pensée, la maison d'un employé des finances du gouvernement serait moins respectée qu'une autre, et,
sous prétexte de rechercher des fonds appartenant
à l'État, on ferait chez elle une perquisition minu-
tieuse, et probablement on ne respecterait pas ce
qui était sa propriété particulière. Son mari, à qui
elle avait déjà fait part de ses craintes, avait ajourné
à son retour de Besançon la résolution à prendre à
cet égard. Mais le temps pressait ; les événements
marchaient plus vite qu'on ne s'y était attendu. L'ennemi avait dépassé Belfort, et s'était avancé jusqu'à
l'Isle-sur-le-Doubs, à une journée de Baume-les-
Dames.

Tandis qu'elle était dans cette anxiété, elle reçut
la visite d'un vénérable ecclésiastique, l'abbé David,
principal du collége, homme aimé et respecté de tous

les habitants de la ville, et chéri de ses élèves, qui le regardaient comme un père. « Madame, lui dit-il tout en l'abordant, je connais votre embarras, et je viens vous offrir mes services, si toutefois vous jugez qu'ils puissent vous être de quelque utilité. Il y a sous les voûtes de la chapelle du collège une espèce de cellule ou de petite chambre obscure, pratiquée dans l'épaisseur des murs ; l'entrée en est étroite, mais l'intérieur est assez grand pour contenir une certaine quantité d'objets. Je regarde cette cachette comme plus sûre qu'aucune de celles qu'on ait pu trouver dans cette ville ; j'y ai déjà déposé les vases sacrés de la chapelle et mon argenterie ; trois personnes à qui j'en ai parlé doivent ce soir y apporter aussi leurs effets. L'une d'elles, Mme Bracieux, votre amie, m'a parlé de votre embarras ; et comme il y a encore un peu de place, je viens vous demander si vous voulez en profiter. Seulement je vous prie de garder là-dessus le plus profond secret, d'abord parce que chacun voudrait se servir de ma cachette, et malheureusement elle n'est pas aussi grande que ma bonne volonté ; puis vous savez qu'il y a passablement de mauvais sujets qui depuis quelques jours épient les démarches des bourgeois, et ne craignent pas de dire à haute voix : Vous avez beau vouloir cacher vos richesses ; quand les Cosaques viendront, nous les conduirons nous-mêmes dans les endroits où vous croyez les avoir mises en sûreté, et nous partagerons avec eux. »

Mme Diétry remercia beaucoup l'abbé, et lui dit qu'elle acceptait ses offres avec reconnaissance. « En ce cas, poursuivit le principal, occupez-vous immédiatement de préparer vos malles et les divers objets que vous vous proposez de cacher ; il faut que tout soit prêt pour ce soir, de manière à être transporté vers les huit ou neuf heures, car le reste de la nuit sera employé à murer l'entrée de la cachette, de manière que demain matin il n'y ait pas trace du travail que nous aurons fait. Aussitôt que vous aurez terminé vos préparatifs, M. de Villette, ajouta-t-il en se tournant de mon côté (car j'étais présent à cet entretien), viendra me prévenir, et j'enverrai avec lui trois grands élèves qui l'aideront à transporter vos effets ; je n'ai voulu employer à cette besogne ni domestiques ni ouvriers, afin que le secret soit mieux gardé. »

Mme Diétry le remercia de nouveau, et lui dit qu'elle se conformerait ponctuellement à la marche qu'il avait indiquée. Puis elle ajouta : « Mais, Monsieur, vous avez entendu comme moi les opinions de ceux qui prétendent qu'il est inutile de rien cacher, les uns parce que les alliés respecteront nos propriétés, les autres parce que, s'il y a pillage, les cachettes les plus secrètes seront toujours décou-

2*

vertes ; dites-moi franchement quelle est là-dessus votre pensée.

— Madame, répondit l'abbé, la démarche que je fais en ce moment doit vous le faire pressentir. Je ne partage pas absolument la sécurité des premiers ni les craintes exagérées des seconds. Les guerres d'invasion ne sont plus aujourd'hui des guerres de pillage, d'incendie et de rapines. Les puissances étrangères nous font une guerre purement politique, et, loin de vouloir mettre à feu et à sang le pays, je crois qu'il est de leur intérêt de le ménager le plus qu'il leur sera possible, afin de ne pas exciter un soulèvement général qui compromettrait gravement la sûreté de leurs armées, et les ferait peut-être bientôt repentir d'avoir franchi nos frontières. Mon opinion est que, dans les villes ouvertes que les troupes ennemies auront à traverser, elles ne commettront pas d'excès si elles ne trouvent pas de résistance, et je crois que vous avez agi plus sagement en restant ici qu'en allant vous enfermer dans une ville de guerre. Ici, d'ailleurs, nous ne sommes pas sur la ligne où, d'après mes prévisions, doivent s'opérer les grands mouvements de troupes ; nous ne sommes pas non plus un point stratégique dont l'occupation importante entraîne nécessairement de ces combats qui compromettent trop souvent l'existence des localités où ils sont livrés. Je crois donc que

nous ne verrons guère ici que des troupes de passage, qui s'abstiendront de commettre de graves
excès par les motifs que je vous ai dits plus haut.
Il n'en résulte pas moins que je regarde comme très-
prudent de soustraire autant que possible à la vue,
au contact, à la portée de la main, les objets précieux qui pourraient tenter la cupidité des soldats
étrangers; car, dans ces nombreuses armées, la discipline ne peut pas toujours être strictement obser-
vée, et il ne faut pas exposer les hommes à la tentation. Après cela, Madame, quand on a fait ce que
la prudence humaine exige, il faut s'en remettre pour
le reste à la volonté de Dieu, et se dire que ce qu'il
garde est bien gardé. »

L'abbé David achevait à peine de parler, qu'on
entendit dans la rue le son des trompettes et le bruit
lointain du tambour. Dans ces moments de crise, le
moindre incident suffit pour jeter l'alarme. Je me
levai comme mû par un ressort, et courus ouvrir la
croisée; mais l'appartement où nous nous trouvions
était séparé de la rue par une cour; je ne pouvais
rien voir; seulement j'entendais plus distinctement
les tambours, les trompettes et les pas des chevaux.
Mme Diétry, tout effrayée, me pria d'aller voir ce qui
se passait, et de venir leur en rendre compte. En
un instant je fus dans la rue, et bientôt j'appris que
c'était une reconnaissance qu'un détachement de

cavalerie et d'infanterie allait faire sur la route de
Belfort. Les fantassins s'arrêtèrent dans la ville pour
se reposer, et les cavaliers continuèrent leur marche.
Un officier d'infanterie avec lequel je causai un instant me dit qu'ils avaient ordre de s'avancer jusqu'à
ce qu'ils eussent aperçu l'ennemi, et qu'ensuite ils
devaient venir rendre compte au général de ce qu'ils
auraient vu et de ce qu'ils auraient appris sur sa
force et sur sa position.

Je revins aussitôt faire part de ces renseignements
à Mᵐᵉ Diétry et à l'abbé David, qui avait attendu
mon retour.

« Allons, Madame, dit celui-ci en se levant et en
s'apprêtant à partir, du courage, et surtout de la
confiance en Dieu. Vous voyez que vous n'avez pas
de temps à perdre. Je vous laisse faire vos préparatifs, et ce soir j'attends M. de Villette, que je mets
dès à présent en réquisition pour nous aider à ma-
çonner la clôture de notre cachette : je ne veux pas,
par le motif que je vous ai dit, employer d'ouvriers
à cette besogne, qui, vu notre peu d'habitude, nous
occupera probablement toute la nuit. »

CHAPITRE II.

Une escarmouche. — La cassette et la cachette.

Tandis que Mme Diétry, aidée de sa bonne et de sa petite nièce, s'occupait à emballer les objets qu'elle avait intention de cacher, je courus rejoindre quelques jeunes gens de la ville que j'avais laissés en conversation avec les militaires. J'appris alors que des voyageurs arrivés à l'instant de Clerval annonçaient que quelques hussards hongrois avaient paru le matin même dans cette petite ville ; qu'après l'avoir traversée afin de reconnaître s'il n'y avait point de troupes françaises, ils étaient repartis pour aller, disaient-ils, rejoindre un corps d'infanterie et de cavalerie qui devait venir l'occuper.

Clerval est une grosse bourgade ou petite ville située à dix kilomètres de Baume-les-Dames, sur la

route de Belfort. Le chef du détachement français,
après avoir appris ces nouvelles, ordonna à ses
hommes de faire une halte d'une heure, après quoi
on se remettrait en route sur Clerval. Les habitants
s'empressèrent d'offrir aux soldats des rafraîchissements que ceux-ci acceptèrent avec non moins d'empressement et de reconnaissance. C'étaient presque
tous des jeunes gens de mon âge, et même plus
jeunes que moi; on voyait qu'ils étaient peu accou-
tumés à la fatigue, et qu'ils portaient péniblement
leur sac et leur fusil. La plupart n'avaient pas encore
l'uniforme de leur régiment, et étaient vêtus d'une
capote grise sur leur veste de paysan; cependant ils
ne paraissaient nullement s'inquiéter de l'approche
de l'ennemi, et leur figure s'animait quand ils parlaient de faire peut-être bientôt le coup de fusil avec
lui. Les sous-officiers étaient plus âgés, et tous
avaient fait plusieurs campagnes; quelques-uns
même portaient d'honorables cicatrices et la croix
de la Légion d'honneur.

L'infanterie consistait en trois compagnies sous
les ordres d'un chef de bataillon; la cavalerie était
composée d'un demi-escadron de chasseurs, commandés par un capitaine et deux autres officiers.
Le détachement tout entier était sous les ordres du
baron de Faudoas, colonel du 13e régiment de chasseurs.

Quand l'instant du départ approcha, un des jeunes gens avec lesquels je me trouvais proposa d'aller en avant sur la route de Clerval, et de gagner une hauteur qui se trouvait à mi-chemin, un peu écartée de la route, mais d'où l'on pourrait voir au loin ce qui se passerait. Nous nous rangeâmes tous à cet avis, et nous partîmes aussitôt. Au sortir de la ville nous trouvâmes les chasseurs, qui avaient fait halte sur la grande route; ils étaient moins jeunes que les fantassins, et paraissaient plus habitués au métier des armes; malheureusement il étaient en général assez mal montés, et leurs chevaux ne paraissaient pas capables de résister à une longue fatigue. A peine les avions-nous dépassés que les trompettes sonnèrent *à cheval*, et toute la troupe se mit en mouvement. Mais comme fantassins et cavaliers n'allaient qu'au pas, et que nous marchions très-vite, nous les laissâmes bientôt à une assez grande distance derrière nous.

Après trois quarts d'heure de marche, nous arrivâmes sur la hauteur que nous avions eu le projet d'atteindre. Cet endroit était admirablement choisi pour un poste d'observation. Devant nous, nous apercevions la route jusqu'à un petit village situé à deux kilomètres de Clerval; elle était complétement déserte. Derrière nous, nous voyions s'avancer lentement notre petit détachement, que les sinuosités de la route nous cachaient de temps en temps. Les chasseurs marchaient en avant, et étaient précédés à distance par un peloton d'avant-garde chargé d'éclairer la route; un peu en avant de ce peloton marchaient deux cavaliers, la carabine au poing.

Je suivais avec une curiosité fiévreuse tous ces mouvements, et mes regards se portaient alternativement de notre troupe sur la route toujours déserte qui se déroulait devant nous. Tout à coup nous aperçûmes deux, puis trois cavaliers, puis un peloton tout entier sortir du village dont j'ai parlé. Ils marchaient à peu près dans le même ordre que nos chasseurs. Le cœur me battit violemment à cette vue; car je ne doutais pas que ce ne fût l'ennemi. Comme nos gens ne pouvaient l'apercevoir, un de nous courut en toute hâte les prévenir. Un instant après, un officier de chasseurs vint sur le point où nous étions, et, après avoir jeté un coup d'œil sur la route que parcourait l'ennemi, il retourna en toute hâte rejoindre les siens. Bientôt nous entendîmes les chevaux des chasseurs prendre le trot, afin de déboucher d'un petit défilé où ils se trouvaient, et d'arriver dans la plaine. Enfin nous vîmes l'avant-garde des nôtres s'avancer au-devant de l'avant-garde ennemie, dont elle n'était plus séparée que d'un kilomètre. Bientôt les éclaireurs des deux partis se trouvèrent à portée de la voix, et le cri de *qui vive !* fut poussé d'un côté, en même temps que le cri de *wer da !* retentissait de l'autre. Presque aussitôt quatre coups de carabine furent échangés, et de chaque côté les cavaliers tournèrent bride et rejoignirent leurs pelotons d'avant-garde, qui tour à tour se replièrent sur le détachement qui les suivait. Nos chasseurs firent halte, pour donner le temps à l'infanterie qui les suivait de les rejoindre. Le colonel de Faudoas, accompagné de quelques officiers, vint pendant ce temps-là sur la hauteur où nous nous trouvions. Il aperçut alors un corps assez considérable de cavalerie qui débouchait du village et qui s'avançait lentement sur la route; on ne voyait pas d'infanterie. Il envoya aussitôt l'ordre au chef de bataillon de porter une compagnie d'infanterie sur la colline où il se trouvait et qui dominait la route, et de la disperser en tirailleurs dans les vignes et les vergers plantés sur le flanc de cette colline, dont la pente, de ce côté, était inaccessible à la cavalerie. En même temps il nous fit dire de nous retirer, si nous ne voulions pas nous exposer à quelque danger. Nous nous éloignâmes un peu, mais de manière à voir encore ce qui allait se passer.

Le colonel de Faudoas avait rejoint sa troupe. Bientôt nous vîmes arriver sur la colline une compagnie de voltigeurs, qui prit position comme l'avait

ordonné le colonel. Les deux autres compagnies
d'infanterie étaient restées sur la route, à l'entrée
du défilé. Un quart d'heure se passa dans un silence
mortel. Mon cœur battait à rompre ma poitrine. Je
voyais le corps de cavalerie ennemi, deux à trois
fois plus nombreux que le détachement français,
s'avancer lentement sur la route. Quand ils aper-
çurent nos chasseurs, qui restèrent immobiles, les
cavaliers ennemis s'ébranlèrent tout à coup et s'ap-
prêtèrent à les charger. Les nôtres firent volte-face,
et se retirèrent derrière les deux compagnies d'infanterie rangées en bataille sur la route. Celles-ci
ouvrirent aussitôt un feu roulant sur l'ennemi, en
même temps que la compagnie placée en tirailleurs
sur la colline le fusillait en flanc. Les Autrichiens,
pris entre deux feux, se crurent tombés dans une
embuscade. Ils tournèrent bride en toute hâte, et
commencèrent un mouvement rétrograde, qui bientôt se changea en une fuite rapide quand nos chasseurs se mirent à leur poursuite. Nos fantassins,
emportés par leur ardeur, les poursuivirent aussi
pendant quelque temps, et les officiers eurent toutes
les peines du monde à les retenir. C'était quelque
chose de prodigieux que de voir ces jeunes gens,
je pourrais dire ces enfants, qui pour la première
fois se trouvaient en présence de l'ennemi, montrer
une ardeur, une force, une impétuosité qu'on n'au-

rait guère attendues de leur nature frêle et débile;
leur visage, naguère pâle et abattu, était animé et
comme transfiguré; leurs yeux lançaient des éclairs;
et ces pauvres conscrits, que j'avais vus le matin plier
sous le poids de leurs propres bagages, franchissaient, le sac sur le dos, le fusil à la main, les haies
et les fossés avec une légèreté incroyable.

En un instant la route fut complétement nettoyée.
Le colonel fit sonner le ralliement, et après avoir
donné une demi-heure de repos à sa troupe, il lui fit
reprendre le chemin de Baume-les-Dames. Seulement l'ordre de la marche était l'inverse de celui du
matin : l'infanterie marchait la première, et la cavalerie formait l'arrière-garde.

Cet engagement n'avait coûté la vie à personne,
de part ni d'autre. Une dizaine de hussards ennemis
avaient été blessés, ainsi que nous l'apprîmes plus
tard, mais assez légèrement; quatre avaient eu leurs
chevaux tués, et avaient été faits prisonniers. Nos
jeunes conscrits les ramenaient en triomphe, comme
le trophée de leur victoire. Personne des nôtres n'a-
vait été atteint; un petit voltigeur avait eu seulement
le haut de son shako traversé par une balle; il montrait fièrement sa coiffure trouée, et disait en riant :
« Quel bonheur que je n'aie pas eu la taille d'un
grenadier! »

Il était cinq heures du soir quand nous rentrâmes

en ville ; la nuit était déjà fort obscure : on n'a pas
oublié que nous étions au mois de décembre. Le
colonel, tout en arrivant, établit un poste d'infanterie qui bivaqua à l'entrée de la ville, et plus loin
une grand'garde de cavalerie avec des vedettes
placées sur la route. Ces précautions prises, il
s'occupa de faire reposer ses soldats pendant la
nuit.

Pendant la route j'avais causé avec l'officier que
j'avais interrogé le matin ; je lui fis compliment de
la manière dont ses jeunes soldats s'étaient com-
portés pendant le combat qui venait d'avoir lieu.
« Le *combat?* dit-il en riant et en appuyant sur ce
mot : vous appelez cela un combat ! ce n'est pas
même une rencontre. Si nous n'avions été que de
vieux troupiers, il n'y aurait pas eu un coup de fusil
tiré, car c'est brûler de la poudre inutilement. Notre
mission n'était pas de nous battre, à moins d'y être
forcés, mais simplement de reconnaître la présence
et la situation de l'ennemi, et de venir en rendre
compte ; mais le colonel, ayant trouvé l'occasion
favorable d'éprouver le cœur de nos jeunes conscrits,
a voulu en profiter, et il a bien fait. Il n'y a pas un
d'eux qui ne croie, comme vous, avoir assisté à un
combat, peut-être même à une bataille, et ils en fe-
ront des récits merveilleux à leurs camarades, quand
nous serons rentrés à Besançon.

— Est-ce que vous pensez bientôt rentrer dans cette ville ?

— A moins de contre-ordre, car dans notre état on ne peut rien affirmer, je pense que nous y serons demain soir.

— Alors les Autrichiens pourraient bien venir nous visiter demain.

— Demain ou après-demain, c'est probable. En pays ennemi on ne marche qu'avec précaution et lenteur, à moins qu'on ne soit en force suffisante, et il ne paraît pas que les Autrichiens soient très-nombreux, de ce côté du moins ; car depuis huit jours qu'ils ont passé le Rhin, ils devraient déjà être aux portes de Besançon. Ils ne se pressent pas d'y arriver, et ils ont raison : nous leur préparons une réception un peu plus chaude que celle dont vous avez été témoin tout à l'heure. »

Les émotions que j'avais éprouvées depuis quelques heures m'avaient fait complétement oublier Mᵐᵉ Diétry et la cachette de l'abbé David. En quittant mon officier à notre arrivée en ville, je me rappelai l'embarras où devait se trouver Mᵐᵉ Diétry, et je me rendis en hâte à la maison. Cette dame me gronda de ma longue absence, qui l'avait fort inquiétée ; car le bruit avait déjà couru en ville qu'il y avait eu un engagement entre les Français et les Autri-

chiens sur la route de Clerval, et elle savait que
j'étais allé de ce côté avec d'autres jeunes gens. Je
lui racontai ce qui s'était passé, en lui avouant ma
curiosité et en tâchant de lui faire comprendre qu'il
n'y avait eu aucun danger pour nous.

« C'est égal, répondit-elle, c'était toujours vous
exposer sans nécessité, et s'il vous fût arrivé malheur, tout en vous plaignant on aurait dit : C'est
leur faute ; pourquoi être allés où ils n'avaient que
faire ?

— Vous avez bien raison de le gronder, ma tante,
dit alors la petite Aglaé, qui était présente : n'aurait-
il pas mieux fait de nous aider à faire nos malles que
d'aller courir comme les gamins après les soldats? »
Et elle accompagna ce reproche d'un petit air bou-
deur qui me donna envie de rire. Car Mlle Aglaé, enfant passablement gâtée par sa tante et par son oncle,
aimait assez à me taquiner quand elle en trouvait
l'occasion, et moi je ne faisais que rire de ses efforts
pour me contrarier. De là des querelles presque con-
tinuelles entre nous; ce qui ne nous empêchait pas
d'être les meilleurs amis du monde.

« Tu as tort, ma nièce, reprit la tante, de lui
faire ce reproche ; car il s'est offert à nous aider, et
c'est moi qui l'ai remercié en lui disant que ce n'était
pas là l'ouvrage d'un homme. Mais maintenant,
ajouta-t-elle en s'adressant à moi, votre tâche sé-

rieuse va commencer. Vous allez prévenir M. l'abbé
David que tout est prêt, et vous reviendrez chercher
les objets qu'il faudra emporter. »

Je me rendis aussitôt au collége. L'abbé me fit
observer qu'il y avait encore beaucoup de monde
dans les rues, et qu'il serait plus prudent d'attendre
quelques heures. « Pendant ce temps-là, ajouta-t-il,
je vais vous employer comme aide-maçon. » Et il
me conduisit dans une cour intérieure du collége, où
je trouvai trois jeunes gens occupés, l'un à gâcher du
mortier, l'autre à ranger des pierres dans une hotte,
que le troisième chargeait sur ses épaules. L'abbé me
mit sans cérémonie sur le dos une autre hotte contenant des briques ; puis, ôtant sa soutane, il se
chargea lui-même d'un sac de plâtre, et, prenant à
la main une lanterne, il m'engagea à le suivre. Nous
montâmes assez longtemps de nombreuses rampes
d'escaliers, non sans nous reposer de temps en
temps. Enfin nous arrivâmes sous les voûtes de la
chapelle, et nous déposâmes nos fardeaux tout près
de l'entrée de la fameuse cachette. C'était un réduit
qui semblait avoir été fait exprès, et, à moins qu'on
n'en vînt à démolir la maison, il était impossible de
le découvrir.

Nous fîmes chacun cinq ou six voyages comme le
premier, et l'abbé jugea enfin qu'il y avait une quantité suffisante de matériaux. Il était temps ; car j'étais

accablé de fatigue. L'abbé David s'en aperçut, et me dit en souriant : « Allons, jeune homme, on voit bien que vous n'êtes pas accoutumé au travail comme vos camarades. » Il désignait les trois jeunes gens que j'avais trouvés dans la cour ; c'étaient effectivement de robustes campagnards, qui avaient quitté la charrue pour faire leurs études comme aspirants à l'état ecclésiastique, dans l'espoir de se sauver de la conscription. « Du reste, continua-t-il, la besogne a été rude, et ce n'est pas fini ; mais en attendant le moment de l'achever, nous allons souper, cela nous donnera des forces pour ce qui nous reste à faire. Vous êtes des nôtres, monsieur de Villette, et j'ai fait mettre votre couvert. »

Je voulus m'excuser en disant que Mme Diétry serait inquiète de ma longue absence. « Mme Diétry, reprit l'abbé, ne vous attend pas, je l'ai fait prévenir que je vous retenais ; d'ailleurs elle sait bien qu'ici vous n'êtes pas aussi exposé que sur la route de Clerval, » ajouta-t-il en souriant.

Je ne me fis pas prier davantage ; car l'idée d'un bon souper me souriait assez, n'ayant rien mangé depuis mon déjeuner du matin, et j'étais à un âge où les fortes émotions de l'âme n'ôtent pas l'appétit. Mes camarades, comme les appelait le principal, paraissaient dans les mêmes dispositions que moi ; aussi fîmes-nous, à nous quatre, grand honneur au souper du bon abbé. Lui-même mangea d'assez bon appétit, et ne cessa de montrer pendant tout le repas une gaieté communicative qui finit pa dissiper les sombres appréhensions dont mon esprit était agité.

A la fin du souper, l'abbé se leva, et, après s'être recueilli un instant : « Mes amis, nous dit-il, rendons grâces à Dieu de la nourriture qu'il vient de nous donner ; prions-le en même temps de nous aider à traverser sans accident la crise dans laquelle nous entrons ; invoquons sa sainte Mère, invoquons son disciple bien-aimé, dont c'est aujourd'hui la fête (nous étions au 27 décembre), pour qu'ils veuillent bien intercéder pour nous auprès du Sauveur du monde, afin qu'il rende la paix à notre patrie et au peuple chrétien, et qu'il daigne jeter sur nous en particulier un regard de miséricorde. » Après un instant de silence, pendant lequel chacun de nous adressa mentalement sa prière à Dieu, l'abbé reprit : « Maintenant, mes enfants, que nous nous sommes mis sous la protection de Dieu, abandonnons-nous sans réserve à sa sainte providence, et achevons sans perdre de temps l'œuvre que nous avons commencée. Vous allez vous rendre tous les quatre chez Mme Diétry. Elle n'a que deux malles à envoyer ici : vous serez deux pour transporter chacune d'elles ; mais vous ne prendrez aucune lumière pour vous éclairer jusqu'à votre arrivée au collége. Vous n'entrerez même pas par la grande porte ; vous suivrez la ruelle qui se trouve à gauche des bâtiments jusqu'à la petite porte qui ouvre sur la cour de service où étaient les matériaux que vous avez transportés tout à l'heure. Voilà la clef de cette porte, que je confie à M. de Villette ; il aura soin de la refermer dès que vous serez dans l'intérieur. Vous entrerez ensuite dans la cuisine, où vous trouverez une lanterne allumée, et vous viendrez me rejoindre au – dessus des voûtes de la chapelle, où je vous attendrai. » Il nous répéta deux fois ces instructions, en nous recommandant de bien les observer de point en point.

Mme Diétry nous attendait avec impatience, tourmentée qu'elle était par un nouveau sujet d'alarme. On venait de lui annoncer que les troupes françaises, averties que l'ennemi méditait de les surprendre, se préparaient à partir à l'instant même. Nous n'avions rien appris de semblable, mais la chose était possible ; en ce cas nous devions nous hâter de retourner au collége avec les malles avant l'arrivée des Autrichiens. Au moment où nous nous mettions en devoir d'enlever ces objets, Mme Diétry m'appela dans une chambre voisine, et, prenant sur une table un petit coffre en bois de chêne fort simple, elle me le remit en disant : « Monsieur de Villette, je vous

confie cette cassette, qui renferme des objets très-
précieux et des valeurs assez considérables. Il y a
notre argenterie, mes bijoux, et une somme en or
et en billets de banque qui appartient à ma nièce
Aglaé. C'est une partie de son héritage, que mon
mari, son tuteur, avait réalisé pour en opérer le pla-
cement; mais le moment n'est pas favorable pour
ces sortes d'opérations, et il était résolu à attendre
des temps meilleurs. J'ai longtemps hésité à savoir
si je me séparerais de ces objets, que j'aurais peut-
être pu mettre en sûreté chez moi, vu leur peu de
volume; j'aurais voulu dans tous les cas avoir là-
dessus l'avis de mon mari; mais le temps presse, et
comme, d'après ce que m'a dit M. David et ce que
vous m'avez dit vous-même, la cachette du collége
est parfaitement sûre, je me suis décidée ce soir à
y déposer aussi cette cassette; seulement je n'ai pas
voulu parler devant ces jeunes gens, que je ne connais pas, de la valeur des objets qu'elle contient; je
vous la révèle à vous seul, afin que vous connaissiez
toute l'importance du dépôt que je vous confie, et
que vous apportiez tous vos soins à sa conserva-
tion. »

Je pris aussitôt la cassette par la poignée qui sur-
montait le couvercle, en assurant Mme Diétry qu'elle
pouvait compter sur mon zèle et sur ma discrétion.
Comme je prenais quelque précaution pour empê-

cher que le balancement du coffre ne fît entre-cho-
quer les objets qu'il contenait et dont le son métal-
lique aurait trahi la présence : « Ne craignez rien, me
dit-elle, j'ai enveloppé chaque pièce d'argenterie
dans des feuilles de papier gris ; mes bijoux sont
dans un écrin garni de ouate ; l'or monnayé forme
cinq rouleaux de mille francs chacun ; les billets de
banque sont dans un portefeuille ; et le tout est assu-
jetti et serré par des pièces de dentelles de prix,
des mouchoirs de batiste et d'autres chiffons, en
quantité suffisante pour garnir complétement l'intérieur de la cassette et empêcher toute espèce de bal-
lottement. De plus la serrure est solide, ainsi que les
planches et le couvercle du coffre, et vous pouvez le
rouler, le laisser tomber même, sans craindre que
rien ne se dérange ni au dedans ni au dehors. Ainsi
portez-le sans avoir l'air de prendre plus de précaution que pour les malles dont vous serez chargé. »

En rentrant dans la salle où nous avions laissé
nos trois jeunes gens, Mme Diétry leur dit : « Pardon, Messieurs, de vous avoir fait attendre ; j'avais
encore cette boîte de chiffons et d'objets de toilette
à remettre à M. de Villette. Maintenant vous pouvez
partir ; mais auparavant il faut que vous buviez un
petit verre de liqueur des îles ; cela vous donnera des
forces et vous prémunira contre le temps brumeux
qu'il fait ce soir. »

Nous nous laissâmes facilement persuader, et chacun de nous but deux verres de la susdite liqueur, qui était vraiment délicieuse. Puis deux de mes compagnons se chargèrent d'une des malles; le troisième prit l'autre par la poignée d'un bout, tandis que de la main droite je tenais la cassette qu'on venait de me confier. Dans cet ordre nous sortîmes sans bruit de la maison de Mme Diétry, et nous nous acheminâmes silencieusement, dans la plus profonde obscurité, vers la ruelle par où nous devions rentrer au collège.

Quand je me trouvai au grand air, j'éprouvai une espèce de vertige, soit par suite des fatigues de la journée, soit par l'effet de la liqueur que je venais de boire à la suite d'un bon repas et après avoir déjà bu du vin plus que d'habitude, ou pour toutes ces causes réunies; puis ma tête s'alourdit, et je ressentais une grande envie de dormir. Un violent effort de ma volonté surmonta cette torpeur; mes jambes, que je sentais vaciller, se raffermirent, et nous arrivâmes à la petite porte sans que mes compagnons se fussent aperçus du malaise que j'éprouvais. Comme j'avais les deux mains embarrassées, je priai l'un de ceux qui portaient l'autre malle de prendre dans ma poche de côté la clef de la porte, de l'ouvrir et de la refermer. Dès que la porte fut ouverte, j'entrai et me dirigeai vers la cuisine, sur la table de la-

quelle se trouvait une lanterne allumée, comme
nous l'avait annoncé M. l'abbé. Je posai machinalement à terre la cassette, qui m'embarrassait la main
droite, et je pris la lanterne pour nous diriger
en toute hâte vers la cachette où nous attendait
M. David.

Les choses ont dû se passer ainsi : non que j'en
aie conservé le souvenir bien net; car, depuis ma
sortie de chez Mme Diétry, je n'ai pas eu la conscience
de tout ce que j'ai fait dans cette soirée; seulement
je me rappelle qu'arrivés sur les voûtes de la chapelle, M. l'abbé nous dit : « Allons, Messieurs, dé-
pêchons-nous; vous savez que l'ennemi va arriver;
il ne faut pas qu'il nous trouve la truelle en
main. »

Et il me fit aussitôt entrer dans l'intérieur de la
cachette avec ma lanterne et la malle que je portais.
Je me rappelle confusément qu'elle était remplie
déjà d'objets de toutes sortes : malles, paquets,
coffres, etc. Je me rappelle encore que je plaçai ma
malle à côté d'une espèce de cassette assez semblable
à celle de Mme Diétry; du moins ce souvenir m'est
revenu plus tard, et m'a confirmé dans la ferme
croyance que j'avais parfaitement rempli ma commission.

Après avoir logé la seconde malle, on se mit en
devoir de murer la cachette. Je ne pourrais guère

rendre compte de cette opération ; tout ce que je sais, c'est que je passais machinalement les pierres et les briques à l'un de mes compagnons, qui les repassait à un autre, et celui-ci aux vrais travailleurs, c'est-à-dire à M. l'abbé David et au plus âgé des jeunes gens, qui avait appris l'état de maçon avant de venir au collége. M. David s'y entendait aussi parfaitement, et en moins de deux heures l'ouverture fut murée, et dissimulée avec tant d'art, qu'il eût été difficile de la distinguer des autres parties de la muraille.

Je tombais de sommeil quand ce travail fut terminé. Deux de mes compagnons étaient aussi accablés, aussi harassés que moi. Était-ce l'effet de la liqueur des îles? je n'en sais rien; mais M. l'abbé, qui s'était aperçu de notre engourdissement, nous dit avant que la besogne fût entièrement terminée :

« Mes enfants, vous avez besoin de repos; nous finirons nous deux, Jacques et moi, ce qui reste à faire; allez vous coucher. »

Nous ne nous le fîmes pas répéter. Mes deux compagnons gagnèrent leur lit au dortoir, et moi je retournai, un peu trébuchant, à la chambrette que j'occupais dans la maison de M. Diétry. Le calme le plus profond régnait dans la ville; du reste je n'étais pas tenté de m'informer si les Français étaient partis, et si les Autrichiens étaient arrivés ; je ne songeais qu'à retrouver mon lit, et à me reposer des fatigues de la journée et de deux nuits passées sans sommeil.

CHAPITRE III

L'entrée des Autrichiens.

Il était près de midi quand je m'éveillai, et encore fallut-il qu'un bruit extraordinaire qui se faisait dans la rue vînt m'arracher à mon sommeil. Je courus à ma fenêtre, et je vis tous les voisins et toute la rue dans une agitation extraordinaire. « Les Autrichiens arrivent! voici les Autrichiens! » me crièrent en même temps plusieurs personnes placées au-dessous de ma fenêtre, et à qui j'avais demandé ce qui se passait.

J'achevai à la hâte de m'habiller; mais à peine ma toilette était-elle finie que le tumulte de la rue avait cessé, et que le bruit du galop de plusieurs chevaux lui avait succédé. C'étaient cinq hussards hongrois qui arrivaient ventre à terre; ils passèrent devant

3*

moi comme un éclair, ce qui ne m'empêcha pas de
remarquer leur attitude, que je n'oublierai de ma
vie. Ils avaient la bride de leurs chevaux entre les
dents; de la main droite ils tenaient leur sabre, prêt
à frapper, et de la main gauche un pistolet tout
armé; ils dirigeaient leurs chevaux avec les genoux,
et les excitaient avec l'éperon. Ils traversèrent ainsi
toute la ville, et, après s'être avancés à une certaine
distance sur la route de Besançon, ils revinrent sur
leurs pas, toujours galopant; ils avaient remis leurs
pistolets dans les fontes, mais ils tenaient toujours
le sabre à la main.

Ils avaient été envoyés pour s'assurer s'il n'y avait
pas de troupes françaises dans la ville, et ils étaient
retournés rendre compte de leur mission. Dix minutes n'étaient pas écoulées depuis leur retour que
nous entendîmes le son des trompettes, et bientôt
nous vîmes paraître au bout de la rue un régiment
tout entier de hussards qui s'avançait, mais avec
l'allure ordinaire d'un corps de cavalerie entrant
dans une ville.

Les hussards hongrois sont sans contredit la
meilleure cavalerie légère de l'Autriche. Malgré la
douleur que me causait la vue de l'ennemi, je ne
pus m'empêcher de reconnaître la bonne mine et
la tournure guerrière des hommes, mais surtout la
vivacité et la vigueur des chevaux, qui faisaient un

contraste frappant avec la maigreur et la faiblesse de
ceux que montaient nos braves chasseurs de la veille.
Ah! me disais-je en moi-même, si nos cavaliers étaient
montés comme ces hussards, quelle chasse ils donne-
raient à ceux-ci !

Les hussards étaient suivis d'un bataillon d'infanterie. Mais si les cavaliers autrichiens pouvaient soutenir la comparaison avec les nôtres, il n'en était pas
de même des fantassins. Au lieu de cette attitude
fière, souvent même élégante, de cette démarche
assurée, de ce pas cadencé, qui distinguent nos régiments d'infanterie quand ils entrent dans une ville,
les pauvres kayserlichs marchaient en désordre, sans
suivre de rangs, la tête baissée, comme s'ils eussent
craint les regards des Français ; leur uniforme blanc,
ou du moins qui avait la prétention de l'être, était
taché, souillé de boue, et quelquefois déchiré. Les
tambours, au lieu d'être en tête de la colonne et d'en
diriger la marche par des batteries régulières et va-
riées comme chez nous, étaient placés au centre, et
ne faisaient entendre par intervalles qu'une marche
fort courte, toujours la même, et qui ne pouvait
servir à marquer la mesure du pas. Cette marche,
déjà fort monotone par elle-même, était rendue
plus triste encore par le silence qui la suivait, à peu
près comme dans nos enterrements militaires, quand
les tambours, après quelques coups de baguettes

et un roulement sourd, se taisent pendant quelques
instants. Pour moi, la première fois que j'entendis
cette marche lugubre, je sentis un frisson me par-
courir le corps : il me semblait assister au convoi
funèbre de l'indépendance et de la gloire de la
France. Plus tard, nos paysans comprirent d'une manière moins sérieuse la marche unique des tambours
autrichiens ; ils traduisirent les *ras* et les *flas* qu'ils
faisaient entendre par ces quatre mots allemands :
fleich, brod, wein, branntwein (1), parce que c'é-
taient les premiers mots que prononçaient les soldats autrichiens en entrant dans une maison, mots
qu'ils répétaient, comme leurs tambours, jusqu'à
satiété.

Quand ces troupes eurent cessé de défiler, je me
rendis chez Mme Diétry, que je trouvai tout en larmes ;
la rieuse et espiègle Aglaé elle-même avait pleuré,
et elle était assise en silence et les yeux rouges à côté
de sa tante. Je crus que c'était l'arrivée des troupes
étrangères qui causait sa douleur, et je lui dis : « Que
voulez-vous, Madame, il fallait bien nous attendre
à cet événement ; du reste, j'ai vu ceux qui viennent
d'entrer dans la ville, et je vous assure qu'ils n'ont
rien de menaçant ni dans l'attitude ni dans la phy-
sionomie. Ce sont, pour la plupart, de ces placides

(1) Viande, pain, vin, eau-de-vie.

figures germaniques qui annoncent des caractères plutôt pacifiques que turbulents.

— Ce n'est pas, me répondit-elle, la présence des Autrichiens elle-même qui cause ma douleur; mais c'est parce que je viens de recevoir une lettre de mon mari, qui m'annonce que ses affaires ne lui permettent pas de quitter Besançon avant deux jours. Maintenant que voilà les communications interceptées, car le directeur de la prison m'a dit que c'était probablement le dernier courrier qu'il recevrait de Besançon, comment mon mari fera-t-il pour revenir ici? Si encore je pouvais aller le rejoindre? Mais on ne me permettrait pas plus de me rendre à Besançon qu'on ne lui permettrait à lui d'en revenir. Ainsi nous voilà séparés, Dieu sait pour combien de temps! lui exposé aux horreurs du siége, moi courant peut-être de mon côté des dangers que je ne prévois pas, et ne pouvant ni l'un ni l'autre nous secourir, ou du moins partager nos périls. Quelle horrible situation! » Et ses sanglots redoublèrent, et la petite Aglaé y mêla les siens.

J'étais impuissant à calmer une douleur si légitime. J'essayai pourtant de la rassurer en lui disant que les communications n'étaient probablement interrompues que momentanément; que si la route directe de Besançon était interceptée, M. Diétry pourrait toujours, par un détour, gagner des chemins de traverse qui étaient libres. « Et croyez-vous, reprit-elle, que je serais plus rassurée de le savoir, dans cette saison, au milieu de ces chemins de traverse presque impraticables et peu fréquentés, si ce n'est par des malfaiteurs, dans un temps où il n'y a ni gendarmerie, ni autorité, ni police, et où il serait exposé à de mauvaises rencontres de toute espèce? Je préfèrerais, je crois, qu'il restât à Besançon. »

Voyant que j'avais fait fausse route, je cherchai à détourner le cours de ses idées, et je me levai en disant que j'allais voir l'abbé David, pour savoir s'il n'y aurait pas quelque dernier coup de main à donner à la clôture de la cachette.

« A propos, dit Aglaé, avez-vous eu grand soin de notre cassette, où ma tante a serré la jolie petite montre et la chaîne d'or que mon oncle m'a données pour ma fête?

— Vous pouvez être tranquille, Mademoiselle, elle est en sûreté.

— Ah! tant mieux! C'est que, voyez-vous, je tiens à ma montre et à ma chaîne plus qu'à tout le reste.

— Même plus, ajouta la tante en souriant, qu'aux louis d'or et aux billets de banque qui sont avec ta montre, et qui t'appartiennent également?

— Certainement; ces louis et ces billets, ce n'est

pas mon oncle qui me les a donnés, tandis que ma montre, c'est un cadeau qu'il m'a fait, et c'est pour cela que j'y tiens.

— Ce que vous dites là, Mademoiselle, repris-je, fait l'éloge de votre cœur, et me réconcilie tout à fait avec vous; aussi je vous déclare que j'oublie les choses désagréables que vous m'avez dites hier.

— Tiens! tiens! vous y pensez encore? Oh! bien, moi je les avais déjà oubliées, ainsi que les taquineries que vous me faites tous les jours.

— Comment! me récriai-je, pouvez-vous me parler de mes taquineries, tandis que c'est vous qui ne cessez de me tourmenter et de me chercher noise à tout propos?

— Eh quoi! c'est moi qui vous cherche noise! Voilà du nouveau! Entendez-vous, ma tante, ce que dit Monsieur? »

J'avais prolongé exprès cette petite querelle, parce qu'ordinairement Mme Diétry s'amusait beaucoup de nos disputes, et que cela pouvait faire en ce moment une diversion à ses tristes préoccupations. Quand elle se vit directement interpellée par sa nièce, elle répondit :

« Je croyais tout à l'heure que vous alliez faire la paix, et voilà maintenant que vous recommencez à vous quereller! Nous avons assez, ajouta-t-elle avec une émotion contenue, de la guerre qui règne au dehors; ne la laissons pas pénétrer dans notre intérieur. »

Comprenant qu'il ne fallait pas prolonger cette plaisanterie, je tendis la main à Mlle Aglaé; puis, d'un ton moitié sérieux, moitié plaisant, je lui dis : « Madame votre tante a raison, faisons la paix.

— Je le veux bien, répondit la petite espiègle, et je consens à oublier tous mes griefs contre vous, parce que vous avez eu soin de ma petite montre et de ma chaîne; mais je mets encore deux conditions à notre traité de paix.

— Lesquelles?

— 1° C'est que vous me ferez, comme vous me l'avez promis, une copie de la belle Assomption de la sainte Vierge, que vous nous avez fait voir, et que vous avez donnée à madame votre mère.

— Accordé.

— 2° C'est que vous me raccommoderez, comme vous me l'avez promis aussi, la tête de ma grande poupée, si toutefois mon oncle ne m'en apporte pas une de Besançon, ainsi qu'il en avait l'intention; mais il est probable que ses occupations lui auront fait oublier ma commission.

— Accordé, » repris-je gravement.

Et alors nous nous serrâmes la main en signe de réconciliation.

Cet enfantillage terminé, Mme Diétry me dit :

« Vous parliez tout à l'heure d'aller voir M. l'abbé David : est-ce que tout n'a pas été fini cette nuit ?

— Pardonnez-moi, Madame ; seulement il fallait faire disparaître toute trace de notre travail, et nous étions si las, que M. David nous a envoyés coucher avant que cette partie de la besogne fût terminée.

— Il est probable qu'il l'aura achevée lui-même ; je le connais, et il n'est pas homme à se reposer avant d'avoir mis fin à une entreprise. Cependant je vous engage à aller le voir, ne serait-ce que pour apprendre des nouvelles de ce qui se passe : il est toujours bien informé. »

C'était là le véritable motif de ma visite à l'abbé ; car j'étais persuadé, comme Mme Diétry, qu'il n'avait rien laissé à faire à la cachette.

Je me rendis donc en toute hâte au collége. En arrivant, j'appris de la cuisinière de M. le principal qu'il était en conférence avec M. le maire et le commandant des troupes autrichiennes qui venaient d'arriver. J'attendis que ces messieurs fussent partis, et j'allai trouver le bon abbé.

« Ah ! vous voilà réveillé ! me dit-il en riant dès qu'il m'aperçut ; je vous conseille, mon cher ami, de continuer votre métier de financier, et de ne pas apprendre l'état de maçon, car vous feriez un mauvais ouvrier.

— Je suis parfaitement de votre avis, monsieur
l'abbé, répondis-je sur le même ton ; seulement, par
le temps qui court, je crains bien que le métier de
financier, comme celui de maçon et comme tous les
autres, ne chôme longtemps encore.

— Qui sait? souvent les choses ne sont jamais plus
près de changer que quand elles sont au pire.

— En ce cas, nous devons bientôt nous attendre à
un changement. En auriez-vous quelques indices, et
la conversation de ces messieurs qui vous quittent
vous l'aurait-elle fait pressentir?

— Pas le moins du monde. Ces messieurs sont
venus tout simplement m'annoncer que le collége
allait servir provisoirement de caserne, et que le
bataillon, ou du moins une bonne partie du bataillon qui vient d'arriver, allait y prendre son logement.

— Comment, monsieur l'abbé! m'écriai-je d'un
air stupéfait. Et vous m'apprenez une pareille
nouvelle avec un calme parfait et presque en
riant !

— Bah ! Et voulez-vous que j'en pleure? D'ailleurs je ne vois pas qu'il y ait là tant de sujet de
s'alarmer.

— Mais vous ne songez donc pas aux choses précieuses qui sont renfermées dans votre cachette?
Savez-vous que rien qu'une petite cassette que j'ai

apportée hier soir renferme une fortune en or, en bijoux et en billets de banque?

— Eh bien! elle ne court pas plus de risques que les vases sacrés et que mon argenterie, que j'y ai aussi renfermés.

— Oh! mon Dieu! que va devenir Mᵐᵉ Diétry, quand elle apprendra que l'avoir de cette petite orpheline, de sa pupille, qu'elle aime tant, se trouve ainsi exposé? Est-ce qu'il ne vous eût pas été possible, monsieur l'abbé, de détourner ce malheur, de faire entendre à ces messieurs qu'une maison d'éducation ne pouvait pas être transformée en caserne?

— Ah çà! mon cher enfant, me répondit l'abbé toujours avec le même calme et avec la même douceur, permettez-moi de vous le dire, je crois que vous extravaguez un peu. Veuillez m'écouter un instant, et vous allez voir si vous avez raison de vous tourmenter ainsi. D'abord vous saurez que c'est le commandant autrichien qui a exigé de M. le maire un bâtiment assez vaste pour pouvoir loger tout ou une bonne partie de son monde, afin d'avoir ses soldats tout rassemblés sous sa main en cas d'alerte. Il est venu visiter le collége, comme vous l'avez vu, afin de reconnaître le nombre d'hommes qu'il pourrait y installer. Je me suis bien gardé de témoigner de la répugnance, et surtout de lui parler de la transformation d'un établissement d'instruction publique en caserne. Il m'aurait répondu avec beaucoup de raison que le collège était pour le moment vide de ses élèves; qu'eût-il été en activité, la guerre avait des nécessités auxquelles il fallait savoir se conformer; qu'enfin il était le maître, puisqu'il avait la force en main. A cela, qu'aurais-je pu répondre? Si j'avais insisté, j'aurais peut-être éveillé des soupçons sur les valeurs précieuses cachées dans quelque partie des bâtiments; au lieu donc de faire la moindre objection, je me suis empressé de mettre tout à sa disposition. Je l'ai conduit moi-même dans les dortoirs, dans les classes, dans les salles d'étude, et jusque dans la cuisine. La seule grâce que je lui aie demandée a été de conserver mon logement, qui est peu considérable, lui ai-je dit, et qui ne lui serait pas d'une grande utilité. « Comment! m'a-t-il répondu avec empressement, non-seulement vous pouvez conserver votre logement, mais si quelque autre partie du bâtiment vous était nécessaire, vous pouvez la désigner, elle sera à votre disposition. » Je l'ai remercié, en ajoutant que je n'avais besoin que de mon logement : on pouvait même l'isoler parfaitement du reste du collège, en supprimant la porte de communication principale et en ne conservant, pour communiquer au dehors, que l'escalier de service, que je lui fis voir. « Faites comme vous l'en-

tendrez, monsieur l'abbé, répondit le commandant.
— En ce cas, repris-je, je ne garderai pour mon
usage que l'escalier de service, et je vous prierai,
comme ils n'en auront nullement besoin, de l'in-
terdire à vos soldats. — Je le ferai consigner, vous
pouvez y compter. » Vous voyez, mon cher Monsieur, qu'on ne peut pas être plus aimable.

— Eh bien, moi, repris-je, je ne me fierais guère
à cette amabilité ; et, à mon avis, je crois que vous
commettez une imprudence en restant seul dans une
vaste maison au milieu de cinq à six cents soldats
étrangers.

— Et moi je vous dis, répliqua-t-il, que j'ai
moins à craindre au milieu d'un bataillon que si je
me trouvais avec quelques soldats isolés. Dans une
réunion si nombreuse, il y a des chefs et plus de discipline que quand deux ou trois soldats logent seuls
dans une maison, loin des yeux de leurs autres camarades, et surtout de leurs supérieurs. Aussi je
suis convaincu que notre cachette sera plus en sûreté
que si le collége fût resté vide et qu'on n'y eût logé
que quelques hommes. Tant qu'il sera occupé par
une troupe nombreuse, elle y maintiendra elle-même
l'ordre ; et ce sera quelque chose de curieux pour
nous que de voir les soldats étrangers monter la
garde pour la sûreté des trésors que nous avons
voulu soustraire à leur rapacité. Puis ce n'est pas

tout : remarquez que cet escalier de service que je
me suis réservé pour moi seul, et qui sera interdit
aux soldats, est précisément l'escalier qui conduit à
la voûte de la chapelle, c'est-à-dire à la cachette elle-
même. La porte du haut de cet escalier, qui donne
sur les voûtes, est fermée solidement avec un cade-
nas et une forte serrure ; celle du bas de l'escalier
sera aussi constamment fermée, et ne s'ouvrira que
pour les personnes qui viendront me voir. Ainsi il
faudra nécessairement passer chez moi pour arriver
jusqu'à l'endroit où sont *enfouies nos richesses*, et je
suis le dragon préposé à la garde de cette nouvelle
toison d'or.

— Vous êtes bien heureux, monsieur l'abbé, de
voir les choses sous des couleurs si favorables ; pour
moi, je ne suis pas aussi optimiste, et je crains bien
que vous ne soyez trompé dans vos espérances. »

Tandis que nous parlions encore, nous entendîmes
un assez grand nombre de voix dans l'escalier.

« Ah ! dit l'abbé, voici probablement mes hôtes
qui arrivent. Vous allez juger par vous-même si
je suis trop optimiste, comme vous venez de le
dire. »

Au même instant on frappa à la porte, et je vis
entrer deux officiers, dont l'un était le commandant,
et l'autre un capitaine. Le premier, s'adressant au
principal, lui dit :

« Monsieur l'abbé, nous venons nous installer dans votre maison. Voici le capitaine Mayer, qui restera ici comme commandant de place. Je lui destine l'appartement que vous m'avez dit appartenir au professeur de rhétorique. Je lui ai dit aussi ce dont nous étions convenus relativement à votre logement. Vous vous adresserez à lui pour toutes vos réclamations, et il y fera droit : aussi j'espère que vous vivrez en bons voisins.

— Moi aussi, monsieur l'appé, ch'esbère que nous fifrons en bons foisins, » dit à son tour le capitaine Mayer avec un accent tudesque des plus prononcés, et qui formait un contraste frappant avec le langage si pur du commandant.

« J'ai de plus, reprit le commandant, à vous annoncer un nouvel hôte : c'est le lieutenant du capitaine Mayer. Pourriez-vous, monsieur l'abbé, m'indiquer une chambre pour lui ?

— Il y a, répondit M. David, la chambre du sous-principal ; mais elle est dans l'autre corps de bâtiment, et un peu éloignée de celle où sera logé le capitaine.

— Cela ne fait rien ; au contraire, il est bon que les deux officiers qui logeront ici soient placés dans différentes parties du bâtiment, afin d'exercer la surveillance sur plusieurs points à la fois. Maintenant, encore un détail. Vous savez, monsieur l'abbé, qu'en campagne les militaires sont nourris chez l'habitant; certes, je ne veux pas dire que vous serez tenu de nourrir les quatre à cinq cents hommes que je vais établir dans votre maison; ceci regarde M. le maire de la ville, qui, sur ma réquisition, s'occupe actuellement de procurer des vivres à la troupe; seulement vous serez obligé d'ajouter à votre table deux couverts pour MM. les officiers devenus vos hôtes, si mieux n'aimez les faire servir dans leur chambre. »

L'abbé ne s'attendait pas à cette requête, ou plutôt à cet ordre; car c'était bien un ordre, quoique formulé d'une manière polie. Je vis, à un mouvement imperceptible de ses lèvres, qu'il était évidemment contrarié; mais, redevenu promptement maître de lui-même, il répondit au commandant avec son calme habituel :

« Je serai très-honoré si ces messieurs veulent bien accepter ma table; seulement vous savez ce que c'est qu'une table de collége, elle n'est pas très-délicate...

— Je sais, je sais, interrompit le commandant en souriant. *Nourriture saine et abondante*, c'est la formule ordinaire des prospectus. Ces messieurs s'en contenteront parfaitement, et ils savent qu'en campagne on ne doit pas être difficile. Allons, capitaine, continua-t-il en s'adressant à M. Mayer, allez surveiller à l'installation de vos hommes, et puis vous présiderez à la distribution des vivres que M. le maire va leur envoyer. Cela donnera le temps à M. l'abbé de préparer votre dîner; moi, je vais m'occuper de loger le reste de la troupe. »

A ces mots, le capitaine Mayer, frappant le plancher de son sabre, qu'il tenait de la main gauche, comme un suisse de cathédrale frappe les dalles de l'église de sa hallebarde, porta le revers de la main droite à son shako, fit demi-tour, et descendit gravement l'escalier. Le commandant fit à l'abbé un salut moins militaire, mais plus gracieux, et suivit son subordonné.

Quand ils furent partis, nous nous regardâmes quelque temps l'abbé et moi, sans rien dire; mais la même question était dans nos yeux, et s'échappa presque en même temps de nos lèvres :

« Que pensez-vous de ces messieurs? »

Je répondis le premier à cette question. « Je ne pense pas que ceux-ci songent pour le moment à nous piller et à nous maltraiter; mais sous forme de réquisitions et de droits de la guerre, ils nous grugeront et nous dévoreront petit à petit; et quand il n'y aura plus rien à leur donner, qui peut répondre de ce qui arrivera?

— Et pourquoi, reprit l'abbé, nous tourmenter d'avance de malheurs peut-être chimériques? L'ave-

4

nir appartient à Dieu, et nous ne devons pas nous en inquiéter plus que de raison. Remercions-le, au contraire, de ce que le présent ne se montre pas d'une manière aussi effrayante que nous l'avions craint. Ces ennemis, que notre imagination nous présentait comme tout prêts à mettre tout à feu et à sang, ont des figures assez débonnaires, et ne sont pas disposés à faire le mal pour le plaisir de le faire. Ils demandent à boire et à manger, c'est tout naturel, et nos soldats en faisaient autant dans leur pays : encore étaient-ils plus exigeants que ceux-ci ne paraissent l'être. Maintenant je vous laisse pour aller donner des ordres à mon *cordon-bleu,* afin que tout soit prêt quand ces messieurs reviendront ; mais auparavant j'aurais un service à vous demander.

— Parlez, monsieur l'abbé, je ne demande pas mieux que de vous être utile.

— Eh bien, c'est de venir m'aider à tenir compagnie à nos deux officiers. J'avoue que je me sens un peu embarrassé de me trouver en tête-à-tête avec ces deux kayserlichs, et je ne serais pas fâché d'avoir quelqu'un pour me seconder dans mes devoirs, un peu forcés, d'amphytrion ; sans compter que je serai peut-être obligé de m'absenter pendant le repas, et je serais contrarié de les laisser seuls dans ma chambre.

— Puisque cela peut vous être agréable, j'accepte volontiers votre invitation. Je vais seulement prévenir Mme Diétry qu'elle ne m'attende pas pour dîner, et je viendrai vous rejoindre aussitôt. »

CHAPITRE IV

Un dîner avec des officiers autrichiens.

Je craignais que Mme Diétry ne fut effrayée comme je l'avais été, en apprenant que le collége allait être tout entier occupé par des soldats. J'eus soin, tout en lui apprenant cette nouvelle, d'ajouter toutes les explications et toutes les raisons que m'avait données l'abbé David, pour la rassurer sur le sort des objets cachés dans cette maison. Elle en parut satisfaite, et dit qu'elle avait une entière confiance dans les paroles et dans la prudence de l'abbé. Du reste, la pensée de son mari absent et la difficulté de leur réunion la préoccupaient tellement, que tout ce qui ne s'y rapportait pas lui paraissait indifférent..

En quittant Mme Diétry pour revenir au collége, je rencontrai un employé de la mairie qui me paraissait fort affairé.

« Qu'avez-vous, monsieur Bernard ? lui dis-je en l'abordant; vous avez l'air bien préoccupé.

— Ne m'en parlez pas : je ne sais où donner de la tête. Figurez-vous que le commandant autrichien vient de nous faire une réquisition de dix mille rations de pain, de viande, de vin, de fourrage, d'avoine, pour des troupes qui vont arriver demain et après-demain; et ce que la ville ne pourra pas fournir, il faudra se le procurer dans les villages voisins. Puis il donne à entendre que cette réquisition sera suivie d'autres plus considérables encore, et qui s'étendront dans tout l'arrondissement; en attendant, il faut trouver des magasins suffisants pour recevoir le produit de ces diverses réquisitions; « car, a-t-il dit, l'intention du général en chef est d'établir ici une partie des magasins d'approvisionnement des troupes qui vont faire le siége de Besançon. » Vous me voyez en ce moment à la recherche de locaux convenables pour ces magasins, et je n'ai encore rien trouvé, si ce n'est l'église du collége, dont on va se servir pour emmagasiner le fourrage ou l'avoine.

— En avez-vous parlé au principal?

— Non, il n'est pas nécessaire de le consulter; car, fût-il d'un avis contraire, on n'en tiendrait nul compte. Les bâtiments du collége servent déjà de caserne, ce qui soulage d'autant les habitants pour les logements militaires; le magasin à fourrage sera donc parfaitement placé là et sous la garde immédiate des soldats. Puis, si l'église n'est pas suffisante, il y a au-dessus des voûtes immenses qui pourraient au besoin servir de greniers, et contenir presque autant de fourrage que l'église elle-même. »

Bon! me dis-je en moi-même, voilà un nouveau danger pour notre cachette.

« Et ce projet, repris-je d'un air indifférent, est-il définitivement arrêté ?

— Non, ce n'est encore qu'une idée de M. le maire; mais je la crois très-bonne, et je pense qu'elle se réalisera si l'établissement des magasins d'approvisionnements a lieu. »

Tout en causant, j'avais continué de marcher dans le même sens que lui, et nous étions arrivés devant une forte maison de roulage ; il y avait là de vastes hangars, que M. Bernard allait visiter pour voir si l'on pourrait les utiliser.

« Parbleu, lui dis-je voilà qui conviendrait mille fois mieux pour un magasin à fourrage que l'église du collége.

— Nous allons voir; seulement c'est un peu loin du centre de la ville.

— Et qu'importe? répliquai-je : pensez-vous que les cavaliers qui viendront s'approvisionner regarderont à quelques pas de plus ou de moins? Puis un magasin à fourrage est sujet à brûler ; une lanterne mal éteinte, des étincelles tombées d'une pipe, peuvent mettre le feu à la paille ou au foin : vous figurez-vous maintenant les malheurs irréparables qui résulteraient d'un incendie arrivé dans l'église du collége, au centre de la ville, et qui pourrait entraîner non-seulement la perte des bâtiments du collége lui-même, mais encore d'une partie des maisons voisines, et entre autres celle de monsieur votre père, qui, je crois, touche aux constructions du collége?

— Cela est pourtant vrai, et je n'y avais pas songé. J'en parlerai à M. le maire, et je tâcherai de le détourner de ce projet. Venez-vous avec moi visiter le roulage?

— Non, répondis-je, je n'en ai pas le temps.

— En ce cas, au revoir; mais, avant de vous quitter, je dois vous prévenir que vous allez probablement être mis en réquisition.

— Comment! moi en réquisition! et que peut-on faire de moi?

— On peut en faire un auxiliaire dans les bureaux de la mairie. Le personnel des employés, à peine suffisant dans les temps ordinaires, est en ce moment sur les dents, et M. le maire se propose de mettre en réquisition, pour nous venir en aide, les clercs d'avoués et de notaires, et les commis de toutes les administrations. Vous êtes un des premiers sur la liste, et vous pouvez vous attendre à être appelé d'un moment à l'autre. Sur ce, je vous souhaite le bonsoir.

— Adieu ! » lui criai-je en m'en allant, et en me disant en moi-même ; Bon ! voilà encore une tuile qui me tombe sur la tête !

Je courus en toute hâte au collège. Le principal était seul encore. Je lui racontai ce que venait de me dire M. Bernard.

« Vous lui avez parfaitement répondu , me dit l'abbé; maintenant que je suis prévenu, je parlerai au maire, et il reconnaîtra facilement, j'en suis convaincu, les inconvénients qu'il y aurait à établir un magasin à fourrage dans notre chapelle. Quant aux voûtes, pour ôter la tentation d'employer à quoi que ce soit les vastes greniers qu'elles forment au-dessous de la toiture, je dirai qu'elles sont en mauvais état, ce qui est vrai, et qu'il y aurait du danger à les surcharger d'un poids quelconque. Maintenant, à l'égard des magasins qu'on se proposerait d'établir, je ne vois pas là de grands inconvénients pour nous, habitants de la ville; au contraire. D'abord cela nécessitera, pour la garde des magasins, la présence d'une garnison permanente et d'autorités militaires qui doivent maintenir l'ordre, et qui, tout en veillant à la sûreté de leurs entrepôts, veilleront à la sécurité des habitants. Mais je plains les pauvres

villageois placés dans le rayon d'approvisionnement
de ces magasins; c'est sur eux que seront frappées
les réquisitions, et si l'on envoie des soldats pour
opérer ces levées, il pourra bien y avoir des malversations, des exactions et des excès de toute espèce.
Mais voilà que je tourne aussi à des idées mélanco-
liques; c'est vous, monsieur de Villette, qui me mettez
dans la tête ces idées noires; voyons, chassons-les,
et préparons-nous à tenir tête bravement aux deux
champions que nous allons recevoir tout à l'heure.
En attendant leur arrivée, il faut que je vous fasse
voir le champ de bataille que j'ai préparé. »

En disant ces mots, il m'introduisit dans la salle
à manger. Je fus ébloui de la propreté et de l'ordre
qui y régnaient. Quatre couverts étaient placés sur la
table, que recouvrait une nappe de toile fine et
d'une blancheur de neige; des serviettes pareilles à
la nappe étaient rangées avec symétrie sur chaque
assiette, que flanquaient des couverts d'argent à
filets. Au milieu de la table s'étalaient une cuiller à
potage et deux cuillers à ragoût du même métal et
également à filets; enfin deux beaux chandeliers
d'argent placés au deux bouts de la table suppor-
taient chacun une bougie allumée. Toute cette argenterie était marquée d'un D, initiale du nom de
l'abbé.

En voyant tout ce luxe, je dis au principal : « Eh !

4*

mais ne m'aviez-vous pas dit que vous aviez caché votre argenterie là-haut?

— Je n'ai caché que l'argenterie du collége, c'est-à-dire celle des élèves; ainsi il y a là-haut plus de quatre-vingts couverts et autant de timbales d'argent. Quant à l'argenterie servant à mon usage personnel, je n'ai rien caché; et, avant la fin du repas de ce soir, vous verrez que j'ai agi sagement. Mais vous ne me dites rien de ceci, » ajouta-t-il en me montrant un buffet sur lequel étaient rangées une dizaine de bouteilles de différentes formes, et dont quelques-unes étaient couvertes d'une poussière respectable et de toiles d'araignées qui attestaient leur âge, comme les cheveux blancs attestent la vieillesse de l'homme.

« Y pensez-vous, monsieur l'abbé? m'écriai-je à la vue de ces dix bouteilles alignées comme des soldats à la parade : vous avez donc intention de nous griser tous.

— Mon ami, répondit-il avec un sérieux comique, à la guerre comme à la guerre; je vous l'ai dit; voilà le champ de bataille (et il me montrait la table), et voilà nos armes et notre artillerie (et son doigt indiquait le buffet).

— En ce cas, je vous déclare que je ne suis pas de force à vous tenir tête.

— Enfant, ne voyez-vous pas que je plaisante?

Croyez-vous que je voudrais vous engager à boire plus que de raison? Soyez tranquille; nos adversaires ne trouveront pas qu'il y a trop de munitions. Je me suis laissé dire qu'un kayserlich buvait sans se gêner ses quatre bouteilles à dîner : à ce compte, vous voyez qu'il n'y en aurait pas de trop, et qu'il ne nous en resterait qu'une pour chacun de nous deux. Mais laissons cette plaisanterie, et parlons sérieusement. Je crois qu'il est convenable et politique d'agir avec ces hommes comme je le fais. Au lieu d'avoir l'air de lésiner, de ne leur donner qu'à regret à boire et à manger, ce qui nécessairement doit les mécontenter, je pense qu'on doit faire largement les choses : c'est le seul moyen de les disposer favorablement pour nous. Ainsi vous voyez ce que j'ai fait pour la partie liquide de notre repas; quant au solide, il se compose d'un bon potage, d'un énorme morceau de bœuf, d'un plat de légumes, d'un gigot monstrueux, avec des haricots et une salade. Point d'entre-mêts; point de plats recherchés; *nourriture saine et abondante,* comme disait le commandant, le tout arrosé d'un vin passable; il y aura, je crois, de quoi les contenter.

— Ma foi, s'ils n'étaient pas contents, ils seraient difficiles, répondis-je; mais, monsieur l'abbé, si vous traitez si bien les ennemis, comment traiterez-vous les amis ?

— Avec moins de cérémopie, mon cher enfant... ;
tenez, comme hier soir, par exemple, quand je vous
ai retenu à souper; mais dans ces cas-là il y a un
plat qui manque ici, le plat du cœur. Vous savez le
proverbe : *On prend plus de mouches avec du miel
qu'avec du vinaigre...*

— J'entends du bruit dans l'escalier, fis-je en
interrompant l'abbé ; ce sont probablement nos
hommes qui nous arrivent. »

L'abbé David prit aussitôt un des flambeaux allu-
més sur la table, ouvrit les portes, et éclaira les
nouveaux venus.

« Pardon, Messieurs, leur dit-il, je ferai mettre
une lumière dans cet escalier; comme on y passait
rarement autrefois, il n'y en a jamais eu. »

En disant ces mots, il les introduisit dans sa
chambre à coucher, qui lui servait de salon, et après
les avoir fait asseoir il ajouta :

« Veuillez, Messieurs, vous reposer ici un instant,
pendant que je vais faire servir le souper. »

Les deux officiers ne répondirent rien, et s'as-
sirent en silence. J'en fis autant, et nous restâmes
tous les trois quelques instants sans rien dire. Pendant ce temps j'examinai les hôtes du principal.
J'ai déjà dit un mot du capitaine Mayer, de son accent et de sa roideur militaire; j'ajouterai, pour
achever son portrait, qu'il paraissait avoir une qua-

rantaine d'années, que ses cheveux étaient clair-
semés; mais, en compensation, il portait d'énormes
moustaches, qui, s'allongeant horizontalement jusqu'à ses oreilles, partageaient sa figure en deux.
Après s'être mis sur un fauteuil, il avait ramené
son grand sabre entre ses deux jambes, placé ses deux
mains sur la poignée, et appuyé son menton sur ses
mains. Dans cette attitude, les yeux fixés au plafond, sans rien regarder, il paraissait attendre avec
une impatience mal contenue l'heure de se mettre à
table.

L'autre officier, le lieutenant, était un tout jeune
homme, tout frais sorti de quelque université d'Alle-
magne. Il portait une longue chevelure blonde dont
les touffes luxuriantes avaient peine à se loger sous
son shako; sa figure était blanche et rose comme celle
d'une jeune fille, et on l'eût pu prendre, en effet, pour
une jeune personne déguisée, si le duvet qui commençait à couvrir sa lèvre supérieure et son menton
n'eût révélé son sexe; mais n'eût-il pas eu ces signes
de virilité, on n'eût pu conserver le doute en l'entendant parler. En effet, sa voix, quoique douce et
agréable, était un baryton, et presque une basse-
taille prononcée qu'eût enviée un chantre de cathédrale. C'est ce dont je ne pus juger que plus tard;
car pour le moment nous gardions le silence, et, pour
ma part, j'étais fort embarrassé de ma contenance,

ne sachant si je devais prendre la parole le premier, ou attendre qu'on m'interrogeât. Le jeune lieutenant paraissait tout aussi embarrassé que moi; tantôt il regardait son capitaine, dont les yeux ne quittaient pas le plafond; tantôt il promenait ses regards sur les tableaux et les dessins qui ornaient la chambre du principal, et dont une partie était l'ouvrage des élèves du collége.

Enfin l'arrivée du principal fit cesser cette scène muette et passablement ennuyeuse.

« Vous êtes servis, Messieurs, dit-il. Capitaine, donnez-vous la peine d'entrer dans la salle à manger. »

Le capitaine ne se le fit pas répéter, et entra par la porte que l'abbé lui indiquait; le lieutenant, l'abbé et moi nous le suivîmes.

D'un coup d'œil le capitaine remarqua l'ensemble appétissant qu'offraient la table couverte de ses mets, et surtout les bouteilles rangées sur le buffet en face de lui. Sa figure, jusque-là si froide, si flegmatique, parut se dérider. Il dit quelques mots en allemand à son lieutenant, qui y répondit par un *ia, mein herr* (oui, Monsieur), prononcé d'une voix de basse qui me fit tressaillir, étonné d'entendre un son si mâle sortir de cette bouche juvénile. Puis les deux officiers décrochèrent leurs sabres, qu'ils placèrent sur le dos de leurs chaises. L'abbé leur offrit de les mettre dans la chambre voisine pour ne pas les embarrasser.

« Non pas, non pas, répondit le capitaine ; des militaires ne doivent jamais se séparer de leurs armes. »

L'abbé n'eut pas l'air de faire attention à ce que cette réponse renfermait de méfiance, et il s'empressa de les servir.

C'était un plaisir de voir manger ces deux hommes, mais surtout le capitaine. Il engloutissait positivement les morceaux, et son compagnon paraissait déjà rassasié, qu'on eût dit que le capitaine ne faisait que de se mettre à table. Mais s'il vidait promptement son assiette, il vidait encore mieux son verre, et je commençais à croire qu'il avalerait facilement les quatre bouteilles de vin dont avait parlé l'abbé. Enfin, quand il en fut à sa seconde tranche de gigot et à sa seconde bouteille de vin, il poussa un profond soupir de satisfaction, et dit à l'abbé de sa voix la moins rude :

« Fous nous afez donné là un pon tîner, monsieur l'appé ; che vous en remercie, car j'avais un fort crand abbétit.

— Je suis bien aise, capitaine, répliqua l'abbé, que vous ayez trouvé le dîner de votre goût ; mais votre lieutenant ne paraît pas de votre avis, car il ne mange plus. Monsieur le lieutenant, vous offrirai-je une seconde tranche de gigot ?

« — *Gratias ago, Domine,* répondit le jeune officier
de sa grosse voix.

— Ah ! dit le capitaine, le lieutenant il ne sait bas
barler vrançais di tout, mais il barle latin comme
Cicéron.

— En ce cas, reprit l'abbé, nous pourrons nous
entendre ; et ces deux jeunes gens, ajouta-t-il en me
désignant, pourront causer ensemble.

— Vous parlez latin ? me dit aussitôt dans cette
langue le jeune lieutenant.

— Un peu, répondis-je.

— Vous en saurez toujours assez pour que nous
nous comprenions bien, » répliqua-t-il.

Maintenant la glace était rompue, et la froide réserve qui avait régné jusque-là disparut entièrement.
On avait apporté le dessert ; quelques verres de vin
de Bordeaux achevèrent de mettre les convives de
bonne humeur, et la conversation s'anima de plus en
plus. Le capitaine et l'abbé avaient entamé une grave
discussion sur le mérite et les qualités des vins des
différents pays, tandis que mon partner me parlait
de ses études, de l'université où il avait été élevé,
de ses projets d'entrer dans le barreau, quand les
événements l'avaient forcé de prendre les armes pour
servir son pays.

Il parlait le latin avec beaucoup de facilité et d'é-
légance, mais avec un accent tudesque qui m'en ren-

dait parfois l'intelligence difficile. Quoique j'eusse fait d'assez bonnes classes, puisque j'avais eu deux prix en rhétorique au concours général, je ne pouvais m'exprimer en latin avec autant de facilité que lui; j'étais obligé de chercher mes mots et de construire mes phrases dans ma tête avant de lui répondre, tandis qu'il parlait avec abondance et sans tâtonner, comme si c'eût été sa langue maternelle.

Cela venait de ce que, dans l'université où il avait été élevé, on habituait de bonne heure les élèves à parler le latin entre eux; les classes, les explications des professeurs se faisaient toujours dans cette langue. De là venait cette facilité que montrait mon interlocuteur; facilité que j'acquis bientôt moi-même, par suite de mes relations, pendant le temps de l'invasion, avec des Hongrois ou des Autrichiens qui parlaient cette langue.

Au moment où notre conversation était le plus animée, on frappa à la porte. Je courus ouvrir, et je trouvai un sergent autrichien qui ne me dit que ces mots :

« Herr capitain Mayer? »

Je l'introduisis dans la salle à manger. Le sergent s'arrêta sur la porte, prit l'attitude du soldat sous les armes, fit le salut militaire, et s'adressant au capitaine, il lui dit quelques mots en allemand.

Celui-ci se leva à la hâte, rattacha son sabre à sa
ceinture, et, prenant une des bouteilles qui étaient
sur la table, il en remplit son verre jusqu'au bord,
et l'offrit au sergent. Le sous-officier l'avala d'un
trait, le remit sur la table en disant : *Ich danke,
capitain* (merci, capitaine); puis il fit un demi-tour
et descendit le premier, pour éclairer son officier qui
le suivait. (Le sergent s'était procuré une lanterne je
ne sais où.)

Quand ils furent partis, le lieutenant Hirtsch
(tel était son nom; ce qui fit dire, comme nous le
verrons plus tard, à Mlle Aglaé, que ce nom ressem-
blait à un éternument); le lieutenant donc nous dit
que c'était le commandant qui faisait demandait le
capitaine. Il était venu probablement pour s'assurer
de la manière dont ses hommes étaient logés, et s'ils
avaient reçu ce qui leur était nécessaire; cette inspection ne durerait pas longtemps, et nous allions
sans doute bientôt voir revenir le capitaine Mayer.

Il revint, en effet, peu de temps après; mais il était
accompagné du commandant lui-même, qui, se pré-
sentant à l'improviste dans la salle, nous dit de son
ton le plus affable :

« Mille pardons, Messieurs, de vous déranger;
mais je n'ai pas voulu, me trouvant chez vous,
monsieur le principal, m'en aller sans vous présenter le bonsoir, et surtout sans vous remercier de la

généreuse hospitalité que vous avez accordée à mes officiers.

— En vérité, Monsieur, vous êtes trop bon, répondit l'abbé, je ne vois pas en quoi j'ai mérité ces remercîments de votre part. »

Comme nous nous étions tous levés en le voyant, et que nous restions debout :

« Messieurs, je vous prie, dit le commandant, veuillez vous asseoir, ou je me retirerai.

— Eh bien, Monsieur, reprit l'abbé, nous nous assiérons, si vous voulez nous faire l'honneur d'accepter un verre de vin de Champagne que nous allons boire à votre santé.

— Avec plaisir, » dit le commandant; et il s'assit à côté de l'abbé.

Après une ou deux tournées de champagne, le commandant reprit, en s'adressant au principal :

« Je vous disais, monsieur l'abbé, que j'étais très-reconnaissant de l'accueil bienveillant que vous aviez fait à deux officiers de mon corps, et je puis juger, par ce que je vois sous mes yeux, que le capitaine Mayer n'a rien exagéré dans ce qu'il m'a dit tout à l'heure. Je vous félicite surtout de n'avoir pas imité bon nombre de vos compatriotes qui, prenant sans doute les troupes alliées pour un ramassis de brigands et de pillards, ont soigneusement caché leur argenterie et leurs bijoux. C'est une remarque que j'ai

eu occasion de faire bien souvent depuis mon entrée
en France, et notamment chez M. votre maire, qui
m'a donné à dîner ce soir. C'est une maladresse de
la part de gens dont la position sociale est connue,
et qui, tout en nous recevant dans des appartements
somptueusement meublés, nous font manger avec
des cuillers d'étain et des fourchettes de fer. Qu'un
paysan possède quelque argenterie de table et qu'il
la cache, cela se conçoit, et comme on ne s'attend
pas à être servi chez lui en argenterie, on ne trouve
pas étrange de ne voir sur la table que de la vaisselle
commune; mais chez un homme riche, cela nous
montre de la part de nos hôtes une méfiance injurieuse et faite pour nous blesser. Cependant, après
la déclaration si franche, si loyale, si explicite des
souverains alliés, après la proclamation de notre
général en chef le prince de Schwartzemberg, les
Français auraient dû comprendre que nous ne leur
faisons point la guerre; que nous n'avons contre eux
ni haine ni animosité quelconque; que nous n'avons
d'autre but que de forcer l'empereur Napoléon à
faire une paix solide, en l'obligeant à renoncer à ses
projets ambitieux, aussi préjudiciables à la France
elle-même qu'au reste de l'Europe. Sans doute la
présence des troupes étrangères est une charge
pesante pour les pays qu'elles doivent occuper; mais
nous nous efforçons, et nous nous efforcerons tou-

jours de rendre cette charge la moins lourde possible,
en maintenant dans nos armées la plus stricte discipline, et en punissant avec la dernière sévérité tout
attentat que se permettraient nos soldats contre les
personnes et les propriétés. Ainsi, monsieur l'abbé,
vous pouvez être assuré que toute cette argenterie
que vous avez là, étalée sur votre table, ne court
pas plus de danger avec les quatre cents soldats logés
maintenant au collége qu'elle n'en courait quand
votre maison ne contenait que des élèves. Pas un
seul objet de ce qui vous appartient, de quelque valeur qu'il soit, ne vous sera soustrait par nos soldats ; et si par hasard vous aviez la moindre plainte
de cette nature à porter, n'hésitez pas, justice vous
sera bientôt rendue, et malheur au coupable! Mais,
malgré nos bonnes intentions, je ne pourrais pas répondre aussi bien des objets qu'une injuste méfiance
a voulu cacher à nos regards. L'absence de ces objets
dans des maisons où ils sont nécessairement d'un
usage habituel excite naturellement les soupçons,
et ces soupçons font quelquefois naître de mauvaises
pensées, car il y a dans une armée des natures de
toute espèce. Des hommes qui n'auraient pas eu
l'idée de détacher une montre accrochée à une cheminée, ou d'enlever un couvert d'argent de dessus
une table, non par délicatesse, j'en conviens, mais
parce qu'ils auraient craint une punition, ces

hommes se diront : « Ah! il y a quelque part un trésor enfoui ; cherchons-le ; si nous le trouvons, on ne s'apercevra pas que nous l'avons enlevé. Et ils cherchent, et ils trouvent souvent, presque toujours, car il n'y a pas de cachette qu'un soldat qui veut s'en donner la peine ne finisse par trouver. Et alors, ou ces sortes de distractions ne laissent point de traces, ou, si elles en laissent, les auteurs sont beaucoup plus difficiles à découvrir. Et d'ailleurs, tout en mettant le même zèle dans nos poursuites, nous sommes cependant moins portés à plaindre les victimes de ces sortes de larcins. Si, par exemple, M. votre maire venait me dire demain :

« — Commandant, on m'a volé douze couverts d'argent. »

« Je lui répondrais tout d'abord :

« — Comment! monsieur le maire, vous aviez donc de l'argenterie? Je ne m'en suis pas aperçu.

« — C'est que je l'avais cachée, répliquerait-il.

« — En ce cas, lui dirais-je, les voleurs se sont cachés aussi pour commettre leur coup. Êtes-vous bien sûr que ce sont de nos soldats, ou ne serait-ce pas peut-être de ceux mêmes que vous avez employés à creuser ou à fermer votre cachette? Il faut être bien sûr de son fait avant de porter une pareille accusation. »

« Je pense donc, monsieur l'abbé, qu'il est plus

sage et plus prudent de nous montrer de la confiance, comme vous l'avez fait, que de paraître se méfier de nous. J'ai voulu vous dire là-dessus toute ma façon de penser, parce que je connais l'estime dont vous jouissez parmi vos concitoyens ; je désire que vous leur fassiez part de mes observations et des réflexions que je viens de faire : ce sera, j'en suis persuadé, un service leur rendre, et à nous aussi. »

En disant ces mots, le commandant se leva, les deux officiers l'imitèrent, et tous trois sortirent en nous saluant.

La longue tirade de l'Autrichien m'avait donné le frisson, surtout quand je l'avais entendu parler de cachettes, de la manière dont les soldats savaient les découvrir, et de l'espèce d'indifférence que les chefs apportaient à la recherche de ces sortes de délits. Je tremblais pour notre cache d'en haut; je me repentais d'avoir engagé Mme Diétry à lui confier ses effets les plus précieux, et comme j'avais moi-même aidé à les cacher, il me semblait que, s'ils venaient à être volés, j'aurais été en partie la cause de ce crime, et en quelque sorte complice.

Je fis part de mes craintes à l'abbé David, en le félicitant du parti qu'il avait pris, et qui lui avait valu les éloges du commandant autrichien. Il m'écouta jusqu'au bout avec cet air de bienveillance et de calme qui lui était habituel; puis, me regardant

avec ce fin sourire qui s'alliait si bien chez lui avec
la bonhomie, il me répondit :

« Que vous êtes encore naïf, mon jeune ami, et
qu'il serait facile d'abuser de votre inexpérience !
Voilà que vous prenez l'alarme de ce que vient de
dire cet officier autrichien, et vous seriez capable
maintenant de conseiller à Mme Diétry et aux autres
personnes qui ont caché ici des objets de les retirer
au plus tôt, sous prétexte qu'ils seront plus en sûreté
étant confiés à la bonne foi des étrangers qu'aux
murailles et aux voûtes de notre chapelle. Ce qu'a dit
le commandant peut être vrai à son point de vue ; il
ne faut pas, comme il l'a dit lui-même, *paraître*
se méfier d'eux ; mais, tout en leur témoignant une
certaine confiance, il ne faut pas non plus aller jusqu'à un imprudent abandon. J'admets que le commandant ait parlé sincèrement et sans arrière-pen-
sée ; je vais plus loin, j'admets qu'il règne dans
l'armée autrichienne une discipline admirable, et que
les moindres délits y soient sévèrement réprimés ;
mais malheureusement la France n'est pas envahie
par les Autrichiens seulement, qui, eux, ont une
raison politique de nous ménager, puisque la fille de
leur souverain partage le trône de France ; l'armée
alliée se compose encore de Russes, de Suédois, de
Prussiens, de Bavarois, de Saxons, etc., qui tous
ont des vengeances à exercer contre nous, et qui

n'auront aucun motif de nous ménager, si ce n'est peut-être la crainte d'un soulèvement général. Qui peut répondre que, d'un jour à l'autre, nous ne recevions pas la visite de quelques corps appartenant à l'une ou à l'autre de ces nations? Le plus sage est donc d'agir toujours avec circonspection; pour moi, ce serait à recommencer que je ne ferais pas autrement que j'ai fait. »

CHAPITRE V

Le descendant des Esterhazy.

Les événements qui s'étaient écoulés si rapidement depuis quelques jours ne m'avaient pas laissé
le temps de réfléchir à ma position personnelle. La
nuit qui suivit le dîner chez le principal, je dormis
peu, et je la passai presque tout entière dans de
tristes réflexions sur le présent et sur l'avenir. Ma
mère, dont j'étais séparé par une distance de plus
de cent lieues, devait désirer ardemment de m'avoir
auprès d'elle pendant le temps que durerait la crise
où nous nous trouvions; je désirais non moins vivement me réunir à elle; mais comment faire pour y
parvenir? Peut-être cela serait-il possible actuellement, en gagnant, par des routes de traverse que je
connaissais, les pays qui n'étaient pas encore occu-

pés par l'ennemi; mais pouvais-je quitter Mme Diétry
pendant l'absence de son mari, la laisser seule avec
une enfant et une bonne dans une grande maison, où
certainement on ne tarderait pas à loger des militaires? Après les bontés que j'avais reçues de cette
famille, n'y aurait-il pas de la lâcheté et de l'ingratitude à l'abandonner dans un pareil moment?

D'un autre côté, chaque instant de retard augmentait les obstacles qui m'empêchaient de me réunir
à ma mère. Dans quelques jours toutes les routes
allaient être occupées par les troupes étrangères.
Comment songer à entreprendre seul, à pied et dans
cette saison, un pareil voyage? Il me fallait donc me
résoudre à rester ici pour un temps dont le terme
était inconnu.

Ces réflexions m'occupèrent, comme je l'ai dit,
une partie de la nuit, et je ne m'endormis que vers
le matin. Quand je me réveillai, je voulus sortir
pour essayer de dissiper mes tristes préoccupations.
Il faisait une de ces maussades et brumeuses journées de décembre, plus capables d'augmenter mes
sombres pensées que de m'en distraire. Je marchai
néanmoins quelque temps dans la rue, au hasard,
quand j'aperçus sur une petite place le bataillon autrichien dont le commandant passait l'inspection. La
vue de ces uniformes étrangers redoubla ma mauvaise humeur, et je rentrai à la maison plus triste

que je n'en étais sorti. Je trouvai Mme Diétry dans une disposition d'esprit tout aussi peu gaie que la mienne. Elle me remit une lettre à mon adresse portant le timbre de la mairie. C'était une réquisition pour aller travailler dans les bureaux et y passer la nuit suivante. « Bon! m'écriai-je, voilà déjà ce dont on me menaçait hier qui s'effectue; ces messieurs n'ont pas perdu de temps !

— De quoi s'agit-il donc? » demanda-t-elle.

Je lui remis la lettre ouverte, en lui disant que M. Bernard m'en avait prévenu la veille.

« Il faut avouer, reprit-elle, que M. le maire n'est guère aimable. Il sait que je suis seule, que mon mari est absent pour cause de service public, et il exige encore que la personne chargée de le remplacer aille jour et nuit travailler dans ses bureaux ! Il ne manque plus que de m'envoyer des militaires à loger ! »

Elle achevait à peine ces mots, qu'on sonna à la porte. La bonne, qui était allée ouvrir, revint presque aussitôt annoncer d'un air tout effaré que c'étaient deux Autrichiens qui se présentaient un billet de logement à la main. « Oh! c'est par trop fort! s'écria Mme Diétry. Recevez-les, je vous en prie, Monsieur; donnez-leur tout ce qu'ils demanderont; faites-leur préparer la chambre qui se trouve dans le même corps de bâtiment que la vôtre... Faites, arrangez

tout comme vous l'entendrez; moi je me sauve; je
ne veux pas les voir, j'en ai peur! » Et elle courut
s'enfermer dans sa chambre, me laissant passablement embarrassé.

J'allai au-devant des nouveaux venus, que je
trouvai dans l'antichambre. C'était un sous-officier de hussards hongrois et un simple soldat, qui
paraissait son domestique. En me voyant, le sous-
officier me présenta le billet de logement, qui était
bien pour M. Diétry; puis il me dit : *Loquerisne la-
tine* (parlez-vous latin)? Sur ma réponse affirmative,
il parut enchanté; alors il se mit à parler avec une
volubilité telle, et une accentuation si étrange, que
j'avais peine à le comprendre. Je le priai de s'exprimer plus lentement, ce qu'il fit; et cette fois, grâce
à la leçon de prononciation que j'avais reçue la veille
de M. Hirtsch, je le compris parfaitement. Voici en
résumé ce qu'il me disait. Il commandait un détachement de huit hussards chargés de faire le service
d'ordonnance auprès du commandant : quatre étaient
toujours auprès de cet officier, prêts à porter ses
ordres partout où besoin serait; les quatre autres
se reposaient pendant ce temps-là, et étaient logés
avec leurs chevaux dans la maison voisine de la nôtre;
mais il n'y avait pas de place pour lui dans cette maison, ni pour son cheval dans l'écurie; c'est pour cela
qu'il avait demandé son logement pour notre maison,

sachant qu'il y avait une écurie où il pourrait
mettre son cheval. Ensuite il désirait que sa chambre
donnât sur la rue, et que la porte qui y conduisait
fût constamment ouverte, étant sujet à chaque instant du jour et de la nuit à recevoir ou à expédier
des estafettes.

Après avoir débité tout ce que je viens de dire
dans un latin qui n'était peut-être pas très-classique,
mais qui était coulant et intelligible, il me demanda
à visiter l'écurie. Je l'y conduisis. « C'est dommage,
dit-il après l'avoir vue, qu'elle ne puisse contenir
cinq chevaux ; elle est plus propre et plus convenable
que la voisine. Mais on pourrait facilement en mettre
trois.

— Mais alors, répliquai-je, où le maître de la
maison, M. le receveur des finances (en appuyant
sur ce mot), logerait-il les siens ?

— Ah ! M. le receveur a des chevaux ? Où sont-
ils ?

— Il s'en sert en ce moment pour une tournée re-
lative à son service, et j'attends son retour à chaque
instant. Je m'étonne même qu'à la mairie, où ces
choses sont parfaitement connues, on vous ait donné
un billet pour loger ici avec votre cheval.

— On ne m'en a rien dit; dans tous les cas, il y
aura une place pour le mien; d'ailleurs il est probable que cet embarras sera de courte durée, car

nous ne resterons pas ici longtemps, et peut-être dès demain irons-nous nous établir à Roulans, où notre avant-garde a dû pénétrer aujourd'hui. »

Cette perspective de le voir bientôt s'éloigner m'empêcha d'insister. Je le conduisis à la chambre qu'il devait occuper; elle parut lui convenir, et se retournant vers son hussard, qui nous avait toujours suivis, il lui dit quelques mots en hongrois; celui-ci s'éloigna aussitôt. Quelques instants après il revint, conduisant le cheval du sous-officier, qui alla lui-même surveiller son installation dans l'écurie.

M. Diétry avait une certaine provision de foin et d'avoine. Le hussard garnit de foin le râtelier, mit de l'avoine dans la crèche, et une abondante litière sous le ventre du cheval; puis, sur les ordres de son chef, il rangea quelques bottes de paille dans un coin de l'écurie.

« Voilà, me dit le sous-officier, le lit de mon soldat; vous n'aurez pas, comme vous voyez, l'embarras de lui en fournir un autre. »

Après avoir terminé tous ces petits arrangements avec le même sans-gêne que s'il eût été chez lui, il ajouta : « Un cavalier doit toujours commencer par s'occuper de son cheval, ensuite il songe à lui-même. Maintenant donc que ma bête a ce qu'il lui faut, je vous prierai de me faire donner à déjeuner. »

Je m'empressai d'aller prévenir la cuisinière, et je

fis entrer notre hôte dans la salle à manger. En un instant le déjeuner fut servi; mais la cuisinière avait mis trois couverts. « Est-ce pour l'épouse du receveur? me dit mon Hongrois; en ce cas, il serait convenable de l'attendre avant de nous mettre à table.

— Je ne le pense pas, répondis-je tout étonné de cette courtoisie; car elle est très-souffrante et ne quitte pas sa chambre. Est-ce que c'est pour Madame, demandai-je à la bonne, que vous avez mis ce couvert?

— Non, Monsieur; mais comme j'ai vu deux militaires, j'ai pensé que tous deux mangeraient ici. »

En traduisant la réponse de la bonne, je ne sais si je m'expliquai mal; mais enfin il comprit que c'était moi qui avais donné l'ordre de faire manger le soldat avec nous.

Cet homme, qui m'avait paru jusque-là assez doux, assez poli, changea subitement de ton et de manières. Son visage devint rouge, et ses yeux s'enflammèrent; puis d'une voix altérée par la colère il me dit : « Pour qui me prenez-vous, Monsieur? Est-ce une insulte que vous avez voulu me faire, en voulant faire asseoir mon hussard à ma table? Savez-vous que je suis noble, que j'appartiens à l'illustre famille des Estherazy, et que l'homme que vous voulez faire manger avec nous n'est qu'un esclave, un serf des domaines de mon père ? Et d'ailleurs, quand vous diriez que vous ne pouviez pas connaître ma qualité de gentilhomme, parce qu'elle n'est pas écrite sur ma figure, vous pouviez bien reconnaître mon grade, dont les signes sont indiqués d'une manière assez visible sur mon uniforme. Êtes-vous si peu instruits en France des usages militaires, que vous ne sachiez pas qu'un maréchal des logis ne doit pas manger avec un simple soldat ? »

Je fus tout abasourdi de cette véritable querelle d'Allemand ; ignorant d'abord s'il plaisantait ou s'il parlait sérieusement, je ne savais si je devais rire ou me fâcher moi-même. Mais quand je vis que son emportement était bien réel, moi qui déjà n'étais pas de très-bonne humeur, je m'emportai à mon tour, et lui dis que je ne comprenais pas la querelle qu'il me faisait par suite de la méprise bien pardonnable d'une cuisinière, qui ne savait pas distinguer les grades militaires, et qu'en véritable gentilhomme il aurait dû plutôt rire que se fâcher d'une pareille erreur.

« Comment ! s'écria-t-il en accompagnant ces paroles d'un effroyable jurement hongrois, et en frappant violemment de son sabre le parquet de la salle, est-ce à dire que je ne suis pas un véritable gentilhomme ?

— Je ne dis pas cela ; je dis seulement que vous ne vous conduisez pas en véritable gentilhomme.

5*

— Et c'est vous sans doute qui m'en donnerez
des leçons? Il serait curieux vraiment de voir un
Français, imbu des idées révolutionnaires d'égalité,
un Français élevé à l'école où l'on apprend à assassi-
ner ses rois, à faire monter sur l'échafaud les nobles
et les prêtres, où l'on apprend, en un mot, le mé-
pris de toute autorité divine et humaine, oui, ce
serait plaisant de voir ce Français donner des leçons
de conduite et de convenance à un descendant des
Estherazy ! »

Notre homme, tout en parlant, criait à tue-tête, et
assaisonnait ses paroles d'une foule de *bassama* (jurement hongrois). Mme Diétry entendit de la chambre
le bruit de la dispute, et envoya la bonne voir ce qui
se passait. Je lui répondis que ce n'était rien, et
qu'elle allât tranquilliser sa maîtresse.

Quand la bonne se fut retirée, je dis en baissant la
voix et avec beaucoup de calme : « Monsieur, je n'ai
jamais connu l'école révolutionnaire dont vous parlez; elle a disparu du sol de la France avec l'époque
de la Terreur, à laquelle vous venez de faire allu-
sion; mon âge, qui peut se lire facilement sur ma
figure, suffit d'ailleurs pour faire voir que je n'étais
pas né encore, ou que j'entrais à peine dans la vie
à cette époque funeste; ainsi je n'aurais pu recevoir
des leçons de l'école révolutionnaire qui apprenait
à confondre les titres et les rangs; mais un autre

motif bien plus puissant m'a empêché d'être imbu de ses principes, c'est que mon père lui-même a été une des victimes de la révolution, qui lui a enlevé sa fortune et l'a forcé de s'exiler pour se soustraire à la mort. Ainsi ce n'est pas un révolutionnaire qui a la prétention de vous donner une leçon; mais c'est un gentilhomme français qui vous répète qu'il n'est pas convenable, même à un descendant des Estherazy, de se livrer, comme vous le faites, à des emportements sans sujet, et de troubler par les éclats de votre voix le repos d'une femme malade chez laquelle vous recevez l'hospitalité. Voilà, Monsieur, ce que j'avais à vous dire; maintenant, si mon langage vous déplaît, je suis prêt à vous en rendre raison, comme il convient entre gens d'honneur, et en ayant soin surtout d'éviter tout bruit, tout scandale. »

Il m'avait écouté jusqu'au bout paisiblement, et ce que je lui avais dit de ma qualité de gentilhomme avait paru surtout contribuer à le calmer; mais ma conclusion ne fut pas de son goût.

« Eh quoi! Monsieur, me dit-il, mais cette fois sans élever la voix, c'est un duel que vous me proposez! Voilà bien encore les Français, qui pour le moindre mot parlent de mettre l'épée à la main! Mais apprenez, Monsieur, que les lois de notre souverain nous défendent expressément de proposer ou d'accepter ces sortes de combats, et je n'irai pas, pour vous faire plaisir, enfreindre les ordres de mon empereur.

— Je vous loue, Monsieur, de votre déférence aux lois de votre pays; mais, puisque vous y êtes si soumis, il est à regretter qu'il n'y en ait pas une qui vous défende d'être insolent! » Et en disant ces mots je quittai la salle et fermai la porte, le laissant seul à dejeuner.

J'étais dans un état d'exaspération difficile à décrire. Certes, personne plus que moi n'a horreur du duel, et jamais je n'ai pu comprendre cette coutume que nous ont léguée les temps de barbarie; aussi dans tout le cours de ma vie, à l'exception de ce jour-là, jamais je n'ai adressé de provocation de cette nature à qui que ce soit, et jamais je ne me suis mis dans le cas d'en recevoir de personne. Mais en ce moment-là je ne me connaissais plus. Les sombres pensées qui m'avaient agité dans la nuit et dans la matinée avaient fait place à une irritation que je ne pouvais plus maîtriser. Si ce n'eût été par égard pour Mme Diétry, j'aurais poussé jusqu'à la dernière extrémité ma querelle avec le descendant des Estherazy, sans songer aux suites désagréables et peut-être funestes pour moi qu'aurait entraînées mon emportement.

Tel est, mes enfants, l'effet de la colère. Elle nous prive de l'exercice de notre raison, et nous expose à commettre des actions qui nous causent souvent de cruels regrets, quelquefois des remords cuisants.

Je sortis de la maison sans savoir où j'allais, roulant dans ma tête les plus sinistres projets, quand tout à coup, au détour de la rue, je me trouvai en face de l'abbé David. C'était mon bon ange que Dieu m'envoyait sous la figure de ce digne ecclésiastique. Il s'aperçut facilement de mon trouble, et m'en demanda la cause. Je lui racontai en détail, et sans rien déguiser, tout ce qui venait de m'arriver. Il m'écouta attentivement; puis avec ce langage paternel qu'il savait si bien prendre, avec cette haute raison, tempérée par une douceur aimable et persuasive, avec cette autorité de la religion qu'il savait employer toujours à propos, il parvint peu à peu à ramener le calme dans mon âme, et à me faire rougir de mon emportement.

Quand il me vit dans des dispositions d'esprit plus raisonnables, il me dit : « Maintenant il faut prévenir les suites que pourrait avoir cette affaire, surtout pour le repos de Mme Diétry. J'allais justement chez M. le maire pour lui parler du magasin à fourrages; je verrai en même temps le commandant, qui loge chez lui, et je tâcherai d'obtenir le changement immédiat de ce sous-officier. »

J'allais lui offrir de l'accompagner pour demander à M. le maire de m'exempter de réquisition pour la nuit dans ses bureaux jusqu'au retour de M. Diétry, quand nous fûmes interrompus par le son des tambours autrichiens, qui battaient la générale, et des trompettes, qui sonnaient le boute-selle. En même temps nous voyons soldats et officiers, fantassins et cavaliers, courir en toute hâte vers leurs logements.

Nous demandâmes à quelques habitants de la ville qui passaient auprès de nous s'ils connaissaient la cause de ce mouvement.

« Ce sont, à ce qu'il paraît, nous répondit-on, les Français, que les Autrichiens croyaient rentrés à Besançon, qui s'avancent de nouveau de ce côté. Les hussards, qui étaient allés jusqu'à Roulans, ont trouvé cette commune occupée par un fort détachement, qui les a reçus à coups de fusil, et ils sont revenus en toute hâte donner l'alarme. »

Pendant qu'on nous donnait ces renseignements, et en moins de minutes que je n'en mets à le raconter, les Autrichiens avaient pris les armes et se réunissaient sur la petite place où je les avais vus quelques heures auparavant passer l'inspection. En même temps mon sous-officier de hussards, à la tête de ses huit soldats, passa au galop à côté de nous, se dirigeant du côté de la route de Besançon. Il ne m'aperçut pas, ou du moins il ne fit pas semblant de m'apercevoir.

« Il est probable, me dit l'abbé, que vous en voilà

débarrassés pour cette nuit. Allons toujours chez M. le maire savoir au juste ce qui se passe. »

Nous étions à deux pas de chez lui; nous y montâmes aussitôt. Le pauvre magistrat était dans une inquiétude mortelle. Non-seulement il nous confirma la nouvelle que nous venions d'apprendre, mais il nous dit que les Français s'avançaient en force, et que le commandant autrichien était résolu à se défendre dans la ville. « Ainsi, ajouta-t-il, ce que je redoutais le plus va nous arriver : on va se battre dans notre ville. Ah! malheur! malheur! »

L'abbé David essaya en vain de le calmer. Voyant qu'il n'y pouvait réussir, nous nous retirâmes. Avant de sortir, je dis au maire : « D'après ce qui se passe, je pense que vous n'avez pas besoin de mes services pour cette nuit.

— Non, non, répondit-il; c'était pour travailler à la répartition des réquisitions en nature par commune, et le commandant m'a dit en partant de suspendre provisoirement cette opération.

— Je le crois, répondis-je en souriant; car si la rentrée des réquisitions s'opérait, elles pourraient tomber entre les mains des Français. »

J'étais loin d'éprouver les mêmes inquiétudes que M. le maire. Je ressentais même une satisfaction intérieure en pensant que les Français allaient arriver et chasseraient les Autrichiens. Il est vrai qu'en y

réfléchissant je ne pouvais me dissimuler que ce ne
serait pas pour longtemps; car les masses ennemies,
qui s'avançaient de toutes parts, forceraient bientôt
la faible garnison de Besançon à se renfermer dans
ses murs. N'importe, je n'étais pas fâché de voir encore une fois comment nos petits conscrits s'arrange-
raient avec ces grands flandrins de kayserlichs.

Je rentrai à la maison, l'esprit beaucoup plus gai
que je n'en étais sorti. Mme Diétry, qui avait appris
le départ précipité des Autrichiens, se sentait, me
disait-elle, soulagée comme d'un grands poids, quoiqu'elle pensât bien, comme moi, que nous ne tarde-
rions pas à les revoir. Elle ne pouvait s'empêcher de
rire de la précipitation avec laquelle le sous-officier
avait quitté la table, sans même se donner le temps
d'achever son déjeuner.

Elle me demanda des détails sur la querelle que
nous avions eue, et qui lui avait causé tant de
frayeur. Quand je les lui eus racontés, elle ne pouvait
revenir de la futilité de la cause qui l'avait provoquée,
ni de la susceptibilité aristocratique du soi-disant
descendant des Esterhazy. Comment, en effet, s'imaginer qu'un homme appartenant réellement à cette
noble famille poussât l'esprit de caste jusqu'à une
telle extravagance !

« Il est vrai que dans ce pays-là, comme en
Pologne et en Russie, ajouta-t-elle, les serfs sont

encore regardés par les nobles comme des êtres en quelque sorte en dehors de la race humaine. Mais laissons là notre illustre madgyar, que peut-être nous ne reverrons jamais, et dites-moi la cause du départ si précipité de nos hôtes. »

Je lui racontai ce que j'avais appris, en me gardant bien de lui faire part de la crainte de M. le maire.

« Mais, me dit-elle, croyez-vous qu'on ne se battra pas ?

— Pas plus, je pense, qu'on ne s'est battu il y a trois à quatre jours, quand les Français se sont retirés et que les Autrichiens sont arrivés. Aujourd'hui que les Français reviennent en force, les Autrichiens leur cèderont la place, jusqu'à ce qu'un mouvement contraire les ramène. Dans cette espèce de va-et-vient, de flux et de reflux, il y aura peut-être bien quelques coups de fusil tirés par-ci par-là, pour la forme seulement; mais je ne crois pas qu'il y ait d'engagement sérieux.

— Dieu vous écoute! c'est là ce qui me fait trembler; mais si l'on ne se bat pas, je ne serais pas fâchée de voir revenir les Français, ne fût-ce que pour quelques instants, car j'aurais peut-être alors des nouvelles de mon mari.

— Mais peut-être, Madame, le reverriez-vous lui-même; car si les Français arrivent jusqu'ici, la route sera complétement libre pour lui.

— Vous avez raison. Que cet espoir me fait de bien !... Tenez, vous me rendez la vie... et l'appétit, ajouta-t-elle gaiement. Allons déjeuner à la place du noble Esterhazy... Aglaé, viens, ma fille, déjeuner avec M. de Villette, et remercie-le de la bonne nouvelle qu'il vient de me donner.

— Quelle nouvelle, ma tante ?

— C'est que nous allons peut-être bientôt revoir ton oncle.

— Oh! quel bonheur! » s'écria joyeusement Aglaé. Et nous déjeunâmes plus gaiement que nous ne l'avions fait depuis bien des jours.

CHAPITRE VI

Retour offensif. — Arrivée de M. Diétry.

Pendant que nous achevions notre repas, et que Mme Diétry et moi nous nous amusions des saillies spirituelles d'Aglaé, qui ne cessait de répéter : « Pourvu que mon oncle arrive avant le jour de l'an, pour me donner mes étrennes, et que je puisse lui réciter le beau compliment que ma tante m'a appris ! » la cuisinière entra d'un air tout effrayé, et nous dit : « Vous n'entendez donc pas les coups de fusil ! on se bat sur la route de Besançon, on vient de me le dire à la fontaine, et de ma cuisine je les ai entendus distinctement. »

Nous prêtâmes attentivement l'oreille, nous n'entendîmes rien. J'ouvris les croisées; alors j'entendis quelques coups sourds, mais peu distincts.

« Si ce sont des coups de feu, dis-je, ils sont bien éloignés et peu fréquents. »

Au moment où j'allais fermer la croisée, un feu de peloton se fit entendre d'assez près, et fut suivi immédiatement d'une vive fusillade, dont le bruit se rapprochait insensiblement.

« Ce n'est que trop vrai, on se bat dans la ville... Nous étions trop gais tout à l'heure... Mon Dieu ! qu'allons-nous devenir ? s'écria Mme Diétry.

— Madame, calmez-vous, je vous en prie; retirez-vous dans votre chambre avec Mlle Aglaé; je vais monter au grenier; il y a une lucarne qui donne précisément dans la direction de la rue et de la route de Besançon; je vais voir ce qui se passe, et je vous en rendrai compte.

— Surtout, Monsieur, ne vous avisez pas de nous quitter, comme l'autre jour, pour aller courir après les soldats, me cria Mlle Aglaé; ou bien notre traité de paix sera rompu, et nous recommencerons la guerre.

— Soyez tranquille, Mademoiselle; je ne sortirai qu'avec votre permission. »

Armé d'une longue-vue, je courus m'établir à ma lucarne. La fusillade continuait toujours, et ne s'interrompait par moments que pour reprendre avec plus de vivacité. La fumée qui s'élevait dans cette direction m'empêcha d'abord de rien distinguer. Enfin, le feu s'étant un peu ralenti, je reconnus que les Autrichiens avaient fermé l'entrée du faubourg par une espèce de barricade faite de chariots et de charrettes renversées, de pièces de bois et de planches jetées en travers. Deux cents hommes environ étaient retranchés derrière cette barricade, et c'était de là que partaient ces feux de peloton que j'avais entendus. Le reste était dispersé dans les jardins et les maisons du faubourg, à droite et à gauche de l'entrée principale, afin d'empêcher qu'elle ne fût tournée. Les Français, que je ne pouvais apercevoir, tiraillaient dans les vignes, et répondaient vivement au feu des ennemis. Sans être tacticien, je comprenais que toute cette fusillade faisait plus de bruit que de besogne, et que cela pouvait durer encore longtemps ainsi, sans qu'il y eût beaucoup de mal de part ni d'autre.

Pendant que je faisais ces réflexions, je vis tout à coup jaillir un double éclair du milieu de la fumée qui couvrait la route : aussitôt volèrent en éclats les bois, les planches et les charrettes de la barricade, et l'explosion de deux coups de canon se fit entendre. Au même instant un grand mouvement eut lieu parmi les soldats autrichiens placés derrière ce retranchement improvisé : cinq ou six étaient tombés blessés par des éclats de bois; les autres commençaient à fuir, quand je vis distinctement les officiers à coups de plat de sabre, et les sous-officiers à coups de schlague, ramener les soldats à leur poste. Mais une seconde décharge d'artillerie, plus effrayante encore que la première, parce qu'elle était tirée de plus près, mit complétement en fuite les kayserlichs. Cette fois les officiers n'essayèrent même pas de les arrêter, et ils furent entraînés avec eux dans la déroute. Ceux qui étaient dispersés de droite et de gauche dans les jardins et dans les maisons se hâtèrent de rejoindre le gros de la troupe.

Au moment où les Autrichiens prenaient la fuite, les soldats français franchissaient la barricade, et se mettaient à leur poursuite. Ils avaient avec eux deux tambours qui battaient la charge, et dont j'entendais les coups de baguette précipités. A cette vue, je ne pus m'empêcher de crier : « Bravo, camarades ! » et de battre des mains comme s'ils eussent pu m'entendre. Bientôt une courbe que décrivait la rue du faubourg m'empêcha d'apercevoir les combattants, que masquaient les maisons les plus rapprochées. Les coups de feu avaient cessé, ou ne se faisaient plus entendre qu'à des intervalles éloignés ; mais le tumulte qui augmentait d'instant en instant, et la charge qui ne cessait de battre, m'annonçaient qu'amis et ennemis étaient entrés dans la ville.

Je descendis en toute hâte de mon observatoire, et je vins rendre compte à Mme Diétry de ce que j'avais vu.

« Maintenant, ajoutai-je, les Autrichiens sont en

pleine déroute; il n'est pas probable qu'ils se rallie-
ront dans la ville, ni qu'ils tenteront une résistance
devenue impossible. »

J'allai ensuite dans ma chambre, d'où l'on pouvait
apercevoir ce qui se passait dans la rue. Je vis les
Autrichiens qui couraient dans le plus grand désordre; bientôt, à cent pas derrière eux, j'aperçus
cinq voltigeurs français, la figure noircie par la
poudre, qui s'acharnaient à leur poursuite, tandis
que les deux tambours continuaient à battre la charge
avec une sorte de fureur. Les soldats chargeaient
leurs fusils en courant, et les déchargeaient quand
ils trouvaient une occasion favorable; ils étaient tellement animés, qu'un d'eux, dont le pantalon avait été
déchiré en franchissant une haie, traînait derrière
lui, sans s'en apercevoir, un lambeau de ce vête-
ment, qui eût pu le faire tomber s'il eût voulu faire
un pas en arrière.

Je m'attendais à voir ces cinq braves suivis du
reste du bataillon, et je ne fus pas médiocrement
surpris quand je reconnus qu'ils étaient seuls à
la poursuite de quatre cents hommes au moins. Ils
continuèrent à les harceler ainsi jusqu'à ce qu'ils
eussent traversé la ville. Les Autrichiens, toujours
courant, rejoignirent quelques compagnies des leurs
arrêtées sur une petite éminence appelée le Vieux-
Chêne, où était fixé leur point de ralliement. Noß

cinq voltigeurs et les deux tambours rentrèrent paisiblement en ville, au milieu des félicitations que leur adressaient les habitants. Chacun leur offrait des rafraîchissements ; ils prirent à la hâte quelques verres de vin ; celui dont le pantalon était déchiré reçut d'un bourgeois un autre pantalon presque neuf, et tous ensemble retournèrent gaiement rejoindre leurs camarades.

La troupe française, qui ne comptait guère que trois cents hommes, s'était arrêtée à l'entrée du faubourg, et s'y était installée ; mais les cinq voltigeurs et les deux tambours, emportés par leur fougue, n'avaient pas entendu l'ordre, et avaient continué leur poursuite.

Dès que les habitants apprirent que les Français étaient restés dans le faubourg, ils coururent leur porter des vivres et du pain : on n'eût pas montré plus d'empressement pour des frères qu'on revoit après une longue absence. Chacun semblait oublier que l'ennemi n'était qu'à deux pas, et que d'un instant à l'autre il pouvait revenir en force.

Cependant les débris de la barricade construite par les Autrichiens furent reportés plus avant dans l'intérieur. On y ajouta quelques tonneaux remplis de terre ; et ce retranchement, gardé par des sentinelles, parut suffisant pour garantir les Français logés dans le faubourg de toute surprise de la part de l'ennemi.

Ajoutons que tous les mouvements de celui-ci étaient
surveillés par les habitants eux-mêmes, qui s'empressaient d'en informer les Français.

Du reste, les Autrichiens ne paraissaient pas disposés à rentrer en ville. Ils étaient restés dans leur
position du Vieux-Chêne, où ils attendaient probablement des renforts pour agir. Les Français en attendaient aussi de leur côté ; de sorte qu'il était probable qu'il y aurait entre eux un engagement plus
sérieux que ceux qui avaient eu lieu précédemment.

La nuit arriva sur ces entrefaites. La ville, que
n'occupait plus aucune troupe, était tranquille, mais
inquiète, dans l'attente des événements.

Le matin j'étais éveillé de bonne heure. J'écoutais
attentivement si je n'entendrais pas quelque explosion d'armes à feu. A mon grand étonnement tout
était calme. Je me levai, attendant avec impatience
que le jour parût pour pouvoir sortir ; car la nuit
était si obscure, qu'il n'eût pas été prudent de se
hasarder dans les rues.

Enfin, un peu après sept heures du matin, les
ombres de la nuit devinrent moins épaisses (nous
étions ce jour-là au 31 décembre). Je descendis
aussitôt dans la rue, et bientôt il me sembla entendre
quelques coups de feu, mais dans l'éloignement et
dans la direction de la route de Belfort. Allons, me
dis-je en moi-même, si l'on se bat, ce n'est pas dans

la ville. Je courus au faubourg où étaient logés les
Français; il n'y avait plus personne, et la barricade
de la veille avait disparu. Là j'appris que les Français, après avoir reçu du renfort dans la nuit, s'étaient
divisés en deux bandes. L'une, conduite par des
gens du pays qui connaissaient parfaitement les chemins, avait fait un long détour pour aller surprendre
les ennemis dans leur position du Vieux-Chêne;
l'autre, après avoir détruit la barricade, avait traversé silencieusement la ville, et était allée se poster
sur la route de Belfort, attendant que le premier
détachement eût commencé l'attaque pour le soutenir et prendre l'ennemi entre deux feux.

Cette manœuvre avait parfaitement réussi, comme
nous l'apprîmes peu d'instants après. L'ennemi, surpris, n'avait pas même essayé de se défendre; il
s'était enfui dans toutes les directions, et nos soldats
avaient fait une centaine de prisonniers.

Je revins en toute hâte rapporter ces bonnes nouvelles à la maison. Au moment où j'allais ouvrir la
porte, j'entendis le pas précipité d'un cheval qui
semblait me suivre. Je me retournai, et j'aperçus
un cavalier enveloppé d'un grand manteau qui lui
cachait la figure. Arrivé à deux pas de moi, le cavalier arrêta son cheval et descendit en me disant:
« Bonjour, monsieur de Villette : comment se porte
ma femme? »

C'était M. Diétry. Je me précipitai dans ses bras. Après m'avoir embrassé avec toute la tendresse d'un père, il me répéta sa question sur la santé de sa femme.

« Elle se porte bien, répondis-je : seulement votre absence prolongée l'avait vivement inquiétée ; et si cela eût continué, sa santé en eût peut-être été altérée. Mais maintenant que vous voilà de retour, elle sera promptement guérie. »

La bonne ne fut pas moins surprise que moi quand elle aperçut M. Diétry.

« Je cours éveiller madame, s'écria-t-elle aussitôt.

— Non, non, dit M. Diétry ; laissez-la dormir.

— Ah ! bien oui, que je la laisserai dormir ; elle serait capable de me chasser, si je faisais un coup comme cela. »

Et elle courut dans la chambre de sa maîtresse.

Le retour de M. Diétry ramena la joie dans la maison. Pour moi, il m'ôtait une grande responsabilité, et me permettait enfin de suivre l'impulsion de ma tendresse filiale, sans m'exposer au reproche d'ingratitude envers mes bienfaiteurs.

Le déjeuner en famille de ce jour fut d'une gaieté charmante ; on ne se serait pas douté que nous étions en pleine guerre, et qu'on se battait aux environs de la ville. Mme Diétry raconta à son mari tout ce qu'elle avait fait pendant son absence, le parti qu'elle avait

pris de cacher dans le collége ses effets les plus précieux et la petite fortune d'Aglaé. Elle parla de la
part que j'avais prise à cette opération, et des soins
et peines que je m'étais donnés pour la mener à bonne
fin. M. Diétry approuva tout ce qu'avait fait sa femme,
et il me remercia sincèrement du concours que je lui
avais prêté. Il me fit ensuite quelques questions sur
la position de la cachette. Il me demanda si elle était
bien sèche, et s'il n'était pas à craindre que l'humidité
n'altérât les papiers qu'on y avait serrés. Je répondis
d'une manière satisfaisante à toutes ces questions.

« Dans tous les cas, ajouta-t-il, vous auriez bien
fait de ne pas appuyer la cassette contre un mur;
car l'intérieur d'un pareil réduit peut être sec, et
les murs se trouver salpêtrés : alors ils communi-
quent souvent l'humidité dont ils sont imprégnés aux
objets appuyés contre leurs parois. »

Je le rassurai encore sous ce rapport, en affirmant,
comme j'en étais persuadé, que la cassette était
placée sur une malle ou un coffre en bois, et parfaitement isolée.

M. Diétry nous raconta ensuite les détails de son
séjour à Besançon et des contrariétés qu'il y avait
éprouvées. Il nous dit combien il se félicitait de ne
pas y avoir emmené sa femme et sa nièce; que la
ville était encombrée d'étrangers qui y avaient cher-
ché un refuge, et en avaient augmenté la population

au moins d'un tiers; qu'outre la difficulté de trouver un logement convenable, il y aurait bientôt, si le siége se prolongeait, disette de vivres, avec le cortége des maladies épidémiques qu'entraîne toujours la famine, sans parler des dangers d'un bombardement et des attaques auxquelles la ville pourrait être exposée de la part de l'ennemi. Plusieurs officiers même de sa connaissance lui avaient conseillé de ne pas s'enfermer dans la place, et c'est à l'un d'eux, officier d'état-major, et aide de camp du général Marulaz, qu'il avait l'obligation d'avoir pu revenir dans sa famille, grâce à l'excursion que ce général avait faite de ce côté.

« Comment! dis-je, le général Marulaz est ici?

— Certainement, reprit M. Diétry; c'est lui qui commande cette petite expédition, qui n'est autre chose que ce qu'on appelle en terme de guerre une reconnaissance, et qui a surtout pour but d'aguerrir ses jeunes soldats et de les accoutumer au feu.

— Et pensez-vous que le général restera long-temps ici?

— Il est probable qu'il y passera la nuit; puis dès demain matin il rentrera à Besançon avec tout son monde : non pas qu'il ait à craindre les poursuites de l'ennemi qui se trouve actuellement sur la route, et auquel il peut facilement tenir tête; mais il sait qu'en ce moment un autre corps considérable traverse les montagnes et s'avance dans cette direction pour cerner Besançon de ce côté; si donc il tardait trop longtemps à rentrer, la route pourrait lui en être coupée. D'ailleurs nous saurons positivement dans quelques heures la résolution du général; car son aide de camp doit venir ici chercher le cheval qu'il m'a prêté.

— Comment! prêté? dit Mme Diétry; et qu'as-tu donc fait de tes chevaux?

— Je les ai vendus tous deux, comme m'étant pour le moment parfaitement inutiles, et afin d'empêcher messieurs les Autrichiens de me les prendre en réquisition sans jamais me les rendre.

— En ce cas, dis-je, si le descendant des Esterhazy revient ici, il voudra mettre trois chevaux dans votre écurie.

— De quel descendant des Esterhazy parlez-vous? »

Et je lui racontai ma querelle de la veille avec le maréchal des logis de hussards, ce qui le divertit beaucoup.

Après le déjeuner on entendit la marche des tambours français.

« Ah! voici nos gens qui reviennent, dit M. Diétry; allons les voir arriver. »

Je ne demandais pas mieux. Mme Diétry et Aglaé voulurent nous accompagner.

« Bah! répondit la maman aux observations que

lui faisait son mari, ce n'est peut-être pas de sitôt que je verrai des soldats français; laisse-moi profiter de cette occasion. »

Nous nous rendîmes sur la petite place dont j'ai déjà parlé, et où les troupes de passage avaient l'habitude de se ranger pour recevoir leurs billets de logement. On en faisait déjà la distribution aux soldats, comme s'ils arrivaient d'une étape voisine, et non de la poursuite de l'ennemi.

Bientôt le son des trompettes nous annonça l'arrivée de la cavalerie et de l'état-major. Le général Marulaz attira surtout mes regards. C'était un homme d'une soixantaine d'années, aux cheveux grisonnants, à la figure martiale, mais rude. Son éducation première n'avait pas été très-soignée, et son langage, quoique toujours empreint de nobles sentiments, n'était pas habituellement très-correct. Toutefois ce langage était compris du soldat, dont il savait se faire aimer; puis il avait des talents militaires réels, et était d'une bravoure et d'une énergie à toute épreuve. Il n'eut pas sans doute à soutenir à Besançon un siége en règle; mais la manière dont il sut déjouer plusieurs fois les tentatives de l'ennemi pour s'emparer des points dominants qui eussent forcé la place à se rendre, la promptitude avec laquelle il sut exercer une garnison composée en entier de conscrits, dont le plus grand nombre n'avait ja-

mais tiré un coup de fusil, et les aguerrir au point de
les rendre redoutables aux vieilles troupes que leur
opposait l'ennemi ; la fermeté qu'il déploya pour
maintenir l'ordre au milieu d'une population de quarante mille âmes : tous ces moyens, à l'aide desquels
il sut conserver intacte la place dont la défense lui
avait été confiée, font le plus grand honneur à sa
science et à son caractère.

Le général Marulaz descendit dans la maison d'un
riche propriétaire qu'il connaissait depuis longtemps,
et avec lequel il avait servi dans les premières années
de la révolution. M. Diétry s'approcha alors de l'aide
de camp qui lui avait prêté son cheval, et l'invita à
venir loger chez lui.

« Je ne le puis pas, répondit-il, étant obligé de
rester avec le général ; mais j'irai vous voir un instant
dans la soirée. »

Je remarquai que cette fois la cavalerie était beaucoup plus nombreuse que lors de la première reconnaissance faite par le colonel de Faudoas. Il y avait
aujourd'hui au moins trois cents chevaux. C'étaient
les chasseurs qui avaient fait les prisonniers dans l'affaire de la matinée, et c'était un de leurs détache-
ments qui les escortait pour rentrer en ville. On les
installa dans le collége, qui leur avait déjà servi de
caserne ; mais, à l'exception de la garde française établie pour les surveiller, tout le reste des

soldats et officiers français fut logé chez l'habitant.

A la suite des chasseurs venaient des voitures de paysans portant une cinquantaine de blessés, qu'on transporta immédiatement à l'hôpital. Deux de ces voitures étaient remplies de fusils, sabres, gibernes, paquets de cartouches ayant appartenu aux prisonnièrs (1).

(1) Voici en quels termes le *Moniteur* du 14 janvier 1814 rend compte de cette petite affaire du 31 décembre : « Le général Marulaz, com-
« mandant supérieur de Besançon, instruit qu'un parti ennemi s'était
« établi à Baume-les-Dames, sur la route de Belfort, et qu'il faisait
« contribuer les environs, est sorti de Besançon pendant la nuit du
« 30 décembre avec six cents hommes d'infanterie, trois cents chevaux
« et deux pièces de quatre ; il est entré le 31, à midi, à Baume, où il
« a trouvé trois cents hommes d'infanterie ennemie et quatre-vingts
« chevaux. Ces *maraudeurs* ont été chargés avec impétuosité et culbu-
« tés ; cent trois ont été pris avec leurs armes, dix tués et cinquante
« blessés. Les habitants de Baume ont reçu avec des transports de joie
« leurs libérateurs, et ont demandé des armes pour se réunir à eux.
« Le général Marulaz se loue de l'intrépidité des jeunes conscrits
« du 57e, qui ont abordé l'ennemi avec la plus grande bravoure.
« Les chasseurs, commandés par le colonel de Faudoas, ont poursuivi
« les fuyards l'épée dans les reins sur la route de Belfort.
« Les prisonniers viennent d'entrer à Besançon.
« Nous n'avons eu dans cette affaire que deux hommes blessés et
« deux chevaux tués. »

CHAPITRE VII

Correspondance. — Retour des Autrichiens. — Visite au collége-caserne. — Visite à la cachette.

J'étais résolu à profiter du retour des Français pour entreprendre le voyage d'Orléans. J'en parlai à M. Dietry, qui chercha à m'en dissuader en me faisant voir tous les dangers d'un pareil voyage dans cette saison et dans les circonstances où nous nous trouvions.

Ces raisons étaient loin d'ébranler ma résolution; mais un événement inattendu vint la faire changer. Le courrier des dépêches, qui depuis quatre à cinq jours n'était pas arrivé, avait profité aussi du mouvement des Français pour reprendre momentanément son service, et dans le parquet de lettres qu'il apportait s'en trouvait une de ma mère pour moi. On pense avec quel empressement je l'ouvris.

Elle me donnait d'abord des nouvelles fort rassurantes pour sa santé; elle vivait fort retirée dans sa rue du Bourdon-Blanc, une des plus solitaires d'Orléans; et le bruit du dehors ne venait pas la troubler. Elle ne sortait que pour aller à l'église, et quelquefois, rarement, pour faire une visite à une de ses amies; elle serait donc parfaitement tranquille, et ne s'occuperait pas de savoir si l'on fait la guerre ou la paix, si elle ne craignait que je ne fusse exposé à quelque danger par suite des malheurs qui accablaient la France. Elle aurait désiré ardemment m'avoir auprès d'elle pendant la durée de cette crise; mais elle craignait que je ne fusse contraint à prendre du service, malgré mon exemption comme fils de veuve. Chaque jour on obligeait à partir des jeunes gens qui avaient les meilleures exemptions, qui même s'étaient fait remplacer plusieurs fois. Il est vrai qu'on ne les enrôlait pas toujours dans des régiments; on les forçait d'entrer dans la garde nationale mobile, laquelle était tout aussi bien exposée à se battre que les troupes de ligne; seulement, si l'on était tué ou blessé, ce n'était pas comme soldat, mais comme garde national : voilà la différence.

« J'ai ouï dire, ajoutait cette bonne mère, que
« dans le pays où tu te trouves, dans les départe-
« ments frontières, on n'est pas aussi sévère pour

« ces sortes d'enrôlements, et que dans tous les cas
« tu pourrais toujours plus facilement t'y sous-
« traire, soit en changeant de résidence, soit même
« en passant la frontière. Du reste, ne fais rien sans
« consulter M. Diétry : c'est un homme prudent et
« de bon conseil, et qui a pour toi une tendresse
« toute paternelle : écoute ce qu'il te dira, et quand
« vous aurez arrêté ensemble une décision, tâche de
« me la faire connaître; je saurai m'y conformer,
« en demandant à Dieu qu'il m'accorde la résigna-
« tion. Quels temps malheureux que ceux où une
« mère est forcée de se priver de la présence de son
« unique enfant ! »

Quand j'eus fait voir cette lettre à M. Diétry : « Eh
bien ! me dit-il, vous n'avez plus à hésiter. Le danger que signale madame votre mère est plus grave
qu'elle ne le croit peut-être; vous ne seriez pas
plutôt arrivé près d'elle qu'on vous enrôlerait dans
la garde nationale sédentaire d'abord, puis dans les
bataillons mobiles. Ici vous n'avez rien à craindre;
le pays est envahi, et l'autorité du gouvernement
français ne peut plus s'y faire sentir. Vous vous
trouvez en quelque sorte en pays étranger, et dans la
position où vous auriez été s'il vous eût fallu passer
la frontière pour vous soustraire aux éventualités
que craignait madame votre mère. Ainsi profitez de

l'occasion qui se présente de correspondre avec elle ; car il est probable que dans quelques jours vous ne le pourrez plus. Tranquillisez-la sur votre sort : dites-lui que vous n'avez à craindre ici d'enrôlement forcé d'aucune espèce, et que vous resterez au milieu de nous, où vous serez toujours traité comme un enfant de la famille. »

J'exprimai à M. Diétry toute ma reconnaissance, et je lui dis que je suivrais son conseil. J'écrivis sur-le-champ une longue lettre à ma mère, et, tranquille désormais de ce côté, j'attendis avec plus de calme la suite des événements.

Les Français partirent le lendemain 1er janvier 1814, comme ils l'avaient annoncé ; mais leur départ ne fut pas suivi immédiatement du retour des Autrichiens, comme nous nous y attendions. N'osaient-ils marcher en avant, après la leçon qu'ils avaient reçue le 31 décembre? Le fait est que pendant trois jours nous n'aperçûmes pas un soldat étranger. Mais dans la journée du 4 janvier ils nous arrivèrent en masse, et par trois routes différentes. D'abord, par la route de Clerval vinrent nos anciennes connaissances, les hussards d'Esterhazy, et les fantassins qui avaient été si bien traités au Vieux-Chêne. Les premiers ne firent que traverser la ville, sans s'y arrêter. Les seconds allèrent directement occuper leur ancienne caserne du collége. Presque au même instant, une seconde colonne, composée de dragons et de grenadiers hongrois, débouchait par la vieille route de Belfort, route depuis longtemps abandonnée, mal entretenue, et qui ne servait que de chemin vicinal ; ceux-ci suivirent les hussards, et se dirigèrent sur la route de Besançon.

Jusque-là il n'y avait pas trop à se plaindre, et l'on pouvait supposer que les habitants seraient pour ce jour-là exempts de logements. Mais, vers les deux heures de l'après-midi, une troisième colonne deux ou trois fois plus nombreuse à elle seule que les deux premières nous arrivait d'un côté par où l'on était loin de l'attendre. Elle descendait des montagnes par la route d'Ornans, route montueuse, mal tracée, difficile en toute saison et impraticable en hiver. Cette colonne faisait partie du corps d'armée aux ordres du prince Louis de Lichtenstein, destiné à investir Besançon. Elle se composait de cavalerie et d'infanterie, et même elle traînait à sa suite de l'artillerie, qu'elle avait fait passer, je ne sais comment, par les chemins affreux de la montagne.

Il fallut pourvoir immédiatement, dans une petite ville dont la population ne s'élevait pas à deux mille cinq cents âmes, au logement et à la nourriture de toute cette colonne, qui se montait à plus de trois mille hommes et douze cents chevaux. On fut obligé d'entasser les soldats dans les maisons par dix, par

vingt, par trente à la fois. Malgré la bonne discipline
que nous avait tant vantée le commandant au dîner
du collège, il y eut passablement de désordre pendant cette nuit. Plus d'un habitant reçut des coups
de *schlague*, et vit toutes les provisions de sa famille
mises au pillage.

Les maisons où logeaient les officiers eurent moins
à se plaindre. A l'arrivée de la première colonne, un
lieutenant s'était présenté chez M. Diétry avec un
billet; c'était mon ancienne connaissance, M. Hirtsch.
Je le présentai à M. et à Mᵐᵉ Diétry en cette qualité;
ils lui firent un accueil fort gracieux, dont il parut
enchanté. A déjeuner il se montra fort aimable, malgré sa grosse voix, qui paraissait un peu effaroucher
Mˡˡᵉ Aglaé. Je lui servais d'interprète; car M. Diétry,
qui était *un peu brouillé avec son latin*, ne pouvait
suivre notre conversation. Je lui demandai des nouvelles du commandant et du capitaine Mayer. Il
m'apprit que le commandant avait été disgracié,
pour s'être laissé surprendre le 31 décembre;
on parlait même de trahison, et le bruit courait
qu'il pourrait bien passer devant un conseil de
guerre.

« Comment, de trahison? interrompis-je d'un air
étonné.

— Oui, de trahison, reprit-il; et cette accusation
prend d'autant plus de consistance que le comman--

dant est Français, et qu'il était l'objet de la jalousie de bon nombre d'officiers allemands.

— Il est Français! m'écriai-je de plus en plus surpris. Je m'explique maintenant comment il parlait si correctement notre langue.

— Il n'y a rien là d'extraordinaire; il a été élevé dans une école militaire française, il a servi dans les armées de Napoléon, et était, je crois, lieutenant en 1806 et en 1807. Alors il est passé au service de l'Autriche, et il a eu un avancement assez rapide.

— Dites qu'il a déserté son drapeau, et l'accusation qui pèse aujourd'hui sur lui n'est que le juste châtiment de sa première trahison. Mais laissons là cet homme, que j'ai cru dans un premier moment digne d'estime, et que maintenant je méprise; parlez-moi du capitaine Mayer : est-il ici?

— Hélas! non, le pauvre capitaine a été blessé à l'affaire du 31; il a eu le bras droit cassé par une balle, ce qui ne l'a pas empêché de faire trois à quatre lieues au pas de course, pour ne pas être fait prisonnier. Il y a réussi; mais la fatigue a augmenté le danger de sa blessure, et il ne pourra guère éviter l'amputation.

« Voila! » ajouta-t-il avec un soupir qui semblait dire : Autant m'en est réservé, « voilà les chances de la guerre. »

On avait donné au lieutenant Hirtsch la plus belle

chambre de la maison. Un bon feu y avait été allumé, et, quand j'allai l'installer dans son appartement, il me serra les mains, en me chargeant de dire à M. et à Mme Diétry qu'il n'avait jamais tant regretté qu'en ce moment de ne pas savoir le français, pour pouvoir leur exprimer lui-même, et sans interprète, toute sa reconnaissance.

Quand je rendis compte de sa commission à Mme Diétry, l'espiègle Aglaé répondit : « Tiens, tiens, ce n'est pas si mal pour un *Deutsch* ; ce que c'est que d'avoir respiré l'air de la France, comme cela rend tout de suite un homme galant et aimable ! Je suis sûre qu'il n'aurait pas eu cette idée-là de l'autre côté du Rhin. C'est dommage seulement que votre M. Hirtsch ait une voix comme une caverne, et un nom qui ressemble à un éternument. »

Nous partîmes d'un éclat de rire à cette saillie, tout en nous félicitant d'avoir un pareil hôte à loger, et en exprimant le désir de le conserver longtemps.

Mais après l'arrivée de la colonne qui descendait des montagnes, il fallut donner l'hospitalité à deux autres officiers de ce corps, un major et un capitaine, et de plus à leurs domestiques et à leurs chevaux. Les deux nouveaux venus s'exprimaient assez bien en français, tout en conservant l'accent allemand. Quand ils apprirent qu'un officier de leur nation était déjà logé à la maison, et que ce n'était qu'un simple lieutenant, ils me chargèrent de le prévenir de leur arrivée.

Je me rendis aussitôt chez M. Hirtsch pour lui annoncer cette nouvelle. Je le trouvai nonchalamment étendu dans un fauteuil voltaire, fumant une énorme pipe en racine d'ulm, et humant de temps en temps quelques gorgées de vieille eau-de-vie de Coghac, dont on avait eu soin de remplir un des flacons qui garnissaient sa cheminée.

Il parut vivement contrarié de l'arrivée de ces messieurs. Quelques *der Teufel*, quelques *taüsend*, s'échappèrent même de ses lèvres en même temps qu'il en arrachait en quelque sorte sa pipe avec colère. Je lui demandai la cause de son émotion, et en quoi la présence d'officiers ses compatriotes paraissait si fort le contrarier.

« Vous ne pouvez pas le comprendre, me répondit-il ; mais moi, je ne sais que trop que le message dont vous ont chargé ces messieurs peut se traduire ainsi : « Lieutenant, cédez-nous votre logement, et allez vous gîter où vous pourrez. »

— Comment, vous croyez cela ?

— Vous allez le voir. »

Nous descendîmes ensemble au salon, où j'avais laissé les officiers. Ils étaient en ce moment occupés à examiner une chambre voisine, que M. Diétry destinait à l'un d'eux ; mais qui était beaucoup moins belle que celle de M. Hirtsch.

« Messieurs, leur dis-je, voici M. le lieutenant Hirtsch qui désire vous présenter ses hommages. »

Ils se retournèrent, et firent à peine un léger salut à la profonde inclination du lieutenant. La conversation s'engagea entre eux en allemand ; tout en causant, ils entrèrent dans la chambre que M. Diétry venait de leur faire voir, et de là M. Hirtsch les conduisit dans la sienne. Un instant après ils rentrèrent au salon ; puis le major, s'adressant à M. Diétry, lui dit : « M. le lieutenant m'a offert la chambre qu'il occupe, et elle me convient ; le capitaine logera dans celle que vous nous avez fait visiter tout à l'heure. M. Hirtsch ira, nous a-t-il dit, loger à la caserne.

— Mais, hasardai-je en regardant M. Diétry, il y aurait encore la chambre où logeait le maréchal des logis de hussards, qui pourrait servir à M. Hirtsch.

— J'en ai déjà disposé, reprit M. Diétry, pour le sous-officier secrétaire de M. le major. »

J'allai retrouver M. Hirtsch, qui déjà était prêt à partir.

« Je vous l'avais bien dit, fit-il en m'apercevant, que la présence de ces messieurs signifiait : « Ote-toi de là que je m'y mette. »

— Mais c'est vous-même, à ce qu'a dit le major, qui lui avez offert votre chambre.

— Sans doute j'ai offert de la lui céder, mais c'était pour éviter qu'on ne me la demandât. Vous comprenez d'ailleurs qu'il eût été contre toute convenance qu'un officier supérieur eût une chambre comparativement mesquine, tandis que, dans la même maison, un officier inférieur aurait occupé un magnifique appartement.

— Je suis contrarié de votre départ, lui dis-je quand je le vis déjà enveloppé de son manteau, et sur le point de franchir le seuil de l'appartement; tenez, si vous ne trouvez pas mieux, je vous offre volontiers la moitié de ma chambre de garçon. Une nuit est bientôt passée; et puis, vous devez connaître le proverbe : *A la guerre comme à la guerre.*

— Je vous remercie, me dit-il en me serrant la main avec effusion; je vous remercie, mon brave jeune homme; mais ce que veulent ces messieurs, c'est que je quitte la maison, et que je ne me trouve pas à la même table qu'eux. Nous n'appartenons pas au même régiment ni à la même division. Ils ont souvent à se dire entre eux des choses particulières; et un étranger, un officier inférieur surtout et d'un autre corps, les gênerait. Que voulez-vous, il faut bien se soumettre à ce qu'on ne peut empêcher. Je vais trouver le brave principal du collége, qui nous a si bien régalés l'autre jour. Peut-être ma petite chambre est-elle encore vacante; dans tous les cas, il découvrira bien quelque part un petit coin avec une botte de paille pour me coucher.

— Eh bien! lui dis-je, je vais avec vous, et si vous ne trouvez pas à vous loger là, je vous ramènerai dans ma chambre. »

Et nous allâmes ensemble au collége.

En arrivant à la porte principale, la sentinelle porta les armes au lieutenant. En lui rendant le salut, il s'aperçut que le soldat n'appartenait pas à son régiment. Il lui dit en allemand quelques mots auxquels la sentinelle répondit brièvement.

« Allons! il ne sait pas même si mon détachement est ici. Est-ce que par hasard on aurait délogé mes soldats pour faire place aux nouveaux venus? »

Nous pénétrâmes dans la cour. Quelle cohue! quel tumulte! quelle tour de Babel! Il y avait là huit à neuf cents hommes, Allemands, Bohémiens, Hongrois, Croates, parlant ou plutôt hurlant, chacun dans sa langue. Au milieu de toute cette foule, M. Hirtsch aperçut quelques soldats de son régiment. Il s'approcha d'eux, et apprit enfin que son détachement, fort de trois cents hommes, n'avait pas quitté le collége, mais que cet établissement, qui ne suffisait qu'à peine pour les loger un peu convenablement, venait de recevoir : 1° un bataillon de grenadiers hongrois fort de huit cents hommes, 2? un demi-bataillon de tirailleurs de Bohême, 3? trois cents hommes d'infanterie croate, et 4? trois compagnies de chasseurs tyroliens; en tout dix-huit cents hommes environ, qui, joints aux trois cents du régiment de mon lieutenant, formaient un effectif de plus de deux mille hommes. Plus de deux mille hommes logés dans un espace où l'on ne pouvait recevoir que cent cinquante élèves ou deux cents tout au plus!

« Je crois que ce n'est guère la peine d'aller importuner notre bon abbé, dis-je au lieutenant, et qu'il vaut mieux revenir dans ma chambre. Mais auparavant je ne serais pas fâché de voir comment on a résolu le problème de loger dix hommes où il n'y avait place que pour un; et comme on ne me permettrait pas, si j'étais seul, de faire cette espèce d'inspection, voulez-vous bien me servir de guide et d'introducteur?

— D'autant plus volontiers, répondit le lieutenant, que je tiens à savoir où l'on a casé mes hommes au milieu de ce tohu-bohu. »

Nous traversâmes la cour, et nous trouvâmes les trois cents hommes de mon lieutenant logés dans le grand et le petit réfectoire. Un officier camarade de M. Hirtsch était occupé en ce moment à les ranger comme on range les harengs dans une barrique. Il avait fait étendre une couche de paille sur les dalles du réfectoire ; tous ses hommes devaient s'y étendre suivant l'ordre qu'ils occupaient dans leur compagnie, la tête tournée du côté du mur et les pieds allongés vers le milieu de la salle. Chaque homme avait déposé d'avance son sac à la place qu'il devait occuper, et il devait s'en servir en guise d'oreiller. Il y avait deux longues tables disposées parallèlement dans toute la longueur des réfectoires ; elles n'étaient séparées entre elles et isolées des murailles que par l'intervalle nécessaire pour le service. D'après l'arrangement que je viens d'indiquer, l'espace entre les tables et le mur était rempli par les soldats couchés en travers, et dont les jambes s'allongeaient sous les tables. Enfin les tables elles-mêmes avaient été utilisées. On les avait couvertes avec des matelas enlevés des dortoirs, et l'on en avait fait des espèces de lits d'honneur, destinés aux sous-officiers. L'espace entre les deux tables était resté vide, et servait à circuler d'un bout à l'autre de la salle.

L'officier qui avait présidé à cet arrangement parlait français. Je lui fis mon compliment sur la manière dont il savait ménager l'espace. « Un officier de marine, lui dis-je, n'aurait pas mieux fait ; mais, ajoutai-je, pourquoi ne vous êtes-vous pas servi de la cuisine, qui est au bout du grand réfectoire ? vous auriez pu y loger un certain nombre d'hommes, ce qui aurait un peu desserré ceux-ci.

— La cuisine ? répondit-il, mais c'est notre corps
de garde ; venez donc la voir, je vous prie, et vous
me direz s'il serait possible d'y loger un seul de mes
hommes. »

Il nous précéda, et alla ouvrir la porte de communication entre le réfectoire et la cuisine. Une vapeur
suffocante et nauséabonde s'échappa par cette porte,
et me fit reculer d'un pas. C'était un mélange de
fumée de tabac, de viandes grillées, de vêtements
mouillés qu'on faisait sécher : le tout formant une
odeur indescriptible et capable d'asphyxier. Le
spectacle que présentait l'intérieur de cette cuisine,
transformée en corps de garde, offrait également un
amalgame aussi bizarre que curieux.

Devant la large cheminée, où brûlait au moins un
demi-stère de bois, étaient assis des soldats rangés
en demi-cercle. Tous avaient la pipe à la bouche,
et fumaient ce tabac des frontières de la Suisse qui
coûte peu de chose, qui ne leur coûtait peut-être
rien, mais qui en revanche est détestable ; les uns
faisaient rôtir de la viande sur des charbons, les
autres faisaient sécher leurs capotes... et d'autres
vêtements d'une propreté équivoque.

La table de cuisine était entourée d'un double
cercle de soldats, les uns assis, les autres debout,
occupés à manger et à boire. Ceux qui étaient debout
manœuvraient leurs cuillers et leurs fourchettes par-

dessus la tête de ceux qui étaient assis, à peu près comme, dans l'exercice à feu, le premier rang met genou en terre, pour que le second rang puisse tirer par dessus la tête du premier.

Derrière la table, du côté opposé à la cheminée, une trentaine d'hommes étaient couchés, les uns déjà ronflant, les autres fumant leur exécrable tabac, sans s'inquiéter s'ils ne risquaient pas de mettre le feu à la paille sur laquelle ils étaient couchés.

Au moment où les deux officiers parurent, tous ceux qui étaient assis ou couchés se levèrent, à l'exception des dormeurs; les fourchettes et les cuillers cessèrent de fonctionner, et les pipes d'exhaler leur âcre fumée. Les lieutenants s'entretinrent un instant avec un sous-officier qui paraissait être le chef du poste. Pendant ce temps-là mes yeux se portèrent sur une foule d'objets qui servaient de siéges à ces hommes, et que je n'avais pas remarqués d'abord parce qu'ils étaient assis dessus. C'étaient des malles, des caisses, des coffres de toute grandeur et de toute forme, et seulement quelques chaises et quelques tabourets. En voyant ce pêle-mêle si disparate, une idée soudaine me traversa le cervèau : auraient-ils découvert notre cachette, et ne serait-ce pas là une partie des objets qu'elle renfermait? Puis un peu de réflexion me fit repousser cette idée : s'ils avaient commis ce vol, me dis-je, ils ne viendraient pas en étaler publiquement le produit.

Enfin nous sortîmes de cet antre empesté, et nous visitâmes encore quelques autres parties du bâtiment. Partout, dans les classes, dans les salles d'étude, dans les dortoirs, et jusque dans les corridors, régnait le même encombrement.

Tout en marchant, M. Hirtsch me dit : « Je vous remercie de nouveau de votre offre obligeante ; mais mon camarade, qui occupe la chambre que j'avais ici à notre premier voyage, vient de me dire que celle du capitaine Mayer était vacante, et que je pourrais la prendre. Je vais m'en informer auprès de M. le principal. »

Nous y allâmes ensemble. Nous trouvâmes le bon abbé occupé à réciter son bréviaire avec le même calme que si son collége eût encore été habité par ses élèves, et qu'il n'eût pas été envahi par deux mille soldats étrangers.

Après avoir entendu la requête du lieutenant, il répondit : « Sans doute, la chambre est vacante ; mais je la réservais pour le capitaine Mayer, qui m'a bien recommandé l'autre jour en partant de la lui conserver ; et tantôt j'ai dit à un officier des nouvelles troupes arrivées ce soir qu'elle était occupée. »

M. Hirtsch lui expliqua alors que le capitaine ne viendrait pas, par suite de l'accident qui lui était arrivé.

« En ce cas, reprit l'abbé avec la douce gaieté qui ne le quittait jamais, vous êtes le lieutenant de M. Mayer, et en cette qualité vous devez tenir sa place dans sa chambre comme à table, comme à la tête de votre compagnie (1). En attendant, votre capitaine est cause que j'ai fait un gros mensonge ; mais vous lui direz, quand vous le verrez, que je le mets sur sa conscience. Maintenant voilà les clefs de sa chambre ; allez vous y installer pendant que j'achèverai mon bréviaire, et n'oubliez pas de vous retrouver ici à l'heure du dîner. Si M. de Villette, ajouta-t-il en se tournant de mon côté, veut être des nôtres, il nous fera grand plaisir.

— Je vous remercie, répondis-je ; car je désire aider mon patron à recevoir les hôtes qu'il a chez lui. » Et je saluai le lieutenant qui sortait ; puis je fis signe à l'abbé que j'avais quelque chose à lui dire en particulier.

Dès que nous fûmes seuls, je lui fis part de ce que j'avais vu à la cuisine du collége, et de l'idée qui m'était venue aussitôt.

« Allons, enfant, répondit-il, vous voilà encore avec vos chimères. Tranquillisez-vous, on n'a touché à rien.

(1) Il ne faut pas oublier que l'abbé David parlait en latin, et il faisait un jeu de mots sur l'expression de *lieutenant*, qu'il traduisait littéralement par *locum tenens* (qui tient la place), au lieu du mot *legatus*, qui est le terme propre.

— Mais, monsieur l'abbé, répliquai-je, ne pourrait-il pas être arrivé qu'au milieu de la confusion occasionnée par la réunion de plus de deux mille hommes dans un local si resserré, quelques soldats se fussent glissés sur les voûtes de l'église sans que vous vous en fussiez aperçu?

— Cela n'est pas possible; mais, pour vous en convaincre, allons-y voir.

— C'est inutile, monsieur l'abbé; et dès que vous en êtes sûr...

— C'est égal; je vous connais, et vous pourriez conserver encore des doutes. Allons, venez avec moi, disciple de saint Thomas, que je vous fasse toucher du doigt la voûte. »

Et il m'emmena avec lui sur les voûtes de la chapelle, où rien n'avait été dérangé.

« Cherchez, me dit-il en arrivant, l'ouverture de la cachette. »

Je cherchai longtemps; et, après avoir examiné scrupuleusement toute la paroi de la muraille, je reconnus qu'il était impossible de trouver une différence dans aucune des parties de sa surface. J'indiquai seulement à peu près l'endroit où, d'après mes souvenirs, devait se trouver l'ouverture.

« Vous vous trompez de près d'un mètre, me dit l'abbé. Tenez, ajouta-t-il en prenant une corde qui servait à suspendre la lampe de l'église, et en appuyant l'extrémité à un angle de la muraille, tendez cette corde horizontalement et en l'appuyant contre le mur, jusqu'à ce que vous ayez rencontré un nœud, qui se trouve vers le milieu.

— Voilà ce nœud, dis-je après avoir fait tout ce qu'il venait de me prescrire.

— Eh bien, vous êtes juste au milieu de l'ouverture de notre cachette; je n'ai pas d'autre moyen moi-même de m'y reconnaître. Êtes-vous satisfait maintenant? »

Je l'assurai encore que je n'aurais pas eu besoin de ces preuves. « Mais d'où pouvaient donc provenir, demandai-je, toutes ces malles, ces coffres et ces autres objets qui ont causé mon illusion?

— Cela n'a rien d'étonnant dans une maison comme celle-ci, me répondit-il. Il y a toujours un tas de ces sortes d'objets hors d'usage, qu'on jette sans beaucoup de soin dans quelque réduit ignoré, et où on les oublie. Il y avait au-dessus du bûcher une soupente qui servait à serrer les choses de cette nature, et, en allant chercher du bois, les soldats auront trouvé ces coffres et ces vieilles malles qui vous ont causé une si belle frayeur. »

Cette explication, et surtout ce que j'avais vu sur les voûtes, achevèrent de me rassurer, et je rentrai à la maison l'esprit dégagé de toute inquiétude à ce sujet.

CHAPITRE VIII

Le commissaire autrichien. — La schlague. — Gaspillage organisé.
— Nouvelles des événements de la guerre.

Le lendemain, toutes les troupes arrivées par la route de la montagne partirent dans la direction de Besançon; mais elles furent remplacées par d'autres en nombre à peu près égal, et cet encombrement dura quatre jours, pendant lesquels les départs et les arrivées se succédèrent sans interruption. Enfin, quand ces troupes eurent pris les positions qui leur étaient assignées pour compléter l'investissement de Besançon sur la rive droite du Doubs (du côté de la rive gauche et de la montagne cette opération était terminée depuis quelques jours), nous eûmes un peu de repos.

Le quartier général du prince de Lichtenstein, qui commandait le corps d'armée chargé du blocus de Besançon, fut établi au Grand–Vaire, commune située sur la rive gauche du Doubs, au pied du mont

Laumont, à dix kilomètres de cette ville, et à vingt kilomètres de Baume.

Notre ville reçut une garnison à peu près fixe de sept à huit cents hommes, dont une partie continua à être logée au collége, et le reste chez les habitants. Ceux-ci, épuisés par les nombreux passages des semaines précédentes, ne pouvaient plus nourrir leurs nouveaux hôtes. Alors on distribua des vivres aux soldats, et l'on établit des magasins destinés à l'approvisionnement de toutes les troupes de siége situées sur la rive droite du Doubs. Les magasins pour l'approvisionnement des troupes de la rive gauche furent établis à Ornans.

C'était ces magasins que le commandant, arrivé le 28 décembre à Baume, était chargé d'établir à l'aide des réquisitions qu'il devait lever dans le pays. Nous avons vu comment le général Marulaz l'avait empêché d'accomplir sa mission. Ce projet fut repris sur une grande échelle après l'arrivée de tout le corps d'armée.

Une espèce de commissaire, moitié civil, moitié militaire, vint s'installer à Baume, et fut chargé de l'organisation des magasins et de la répartition des réquisitions dans les communes de l'arrondissement. Il s'installa à la sous-préfecture, et voulut se faire aider par les employés; mais il ne trouva personne. Le secrétaire avait suivi le sous-préfet à Besançon,

les deux commis principaux avaient quitté le pays
dès qu'ils avaient vu l'ennemi s'approcher. Il ne
restait qu'un vieil employé, presque sourd, et un
jeune expéditionnaire de quinze ans. Il s'adressa
alors au maire, et le *requit* de lui fournir des employés : celui-ci me *requit* à mon tour, et cette fois
je ne pus m'échapper.

Me voilà donc établi en qualité de principal commis du commissaire autrichien, ayant pour auxi-
liaires le vieil employé sourd dont j'ai parlé, et le
petit expéditionnaire ; plus tard on m'adjoignit deux
aides, l'un clerc d'avoué, et l'autre clerc de notaire.
Nous formions à nous cinq la partie française des
bureaux ; car il y avait la partie allemande, composée de trois soldats ou caporaux autrichiens, ayant
pour chef un sergent qui parlait et écrivait parfaitement le français. C'était lui qui servait d'intermédiaire entre les deux bureaux, et il s'appliqua dès le
premier jour, je dois lui rendre cette justice, à rendre
nos relations faciles et nos corvées moins pénibles.

Malgré ses prévenances, j'éprouvais une sorte de
répulsion pour cet homme. Le souvenir de ce commandant français déserteur était toujours présent à
ma pensée, et je ne pouvais me persuader que ce sergent qui parlait si facilement notre langue, et dont
le nom, Fresnel, était tout français, ne fût pas aussi
un déserteur de notre armée.

Je voulus m'en assurer; et au bout de quelques jours, quand je fus un peu plus familier avec lui, je lui demandai de quel pays il était, ne pouvant m'imaginer qu'il fût Allemand à la pureté de son langage.

« Vous me croyez peut-être Français? me dit-il en souriant.

— Ma foi, j'en ai eu souvent la pensée.

— Eh bien, je ne suis ni Allemand ni Français, je suis Belge.

— En ce cas vous êtes Français, puisque la Belgique appartient à la France.

— Oui, je suis Français comme les Polonais qui combattent dans les rangs de l'armée française, avec l'espoir d'obtenir un jour l'indépendance de leur patrie, sont Russes ou Autrichiens. Écoutez mon histoire en deux mots, et vous verrez si vous avez raison de me donner la qualité de Français. Quand les républicains ont fait la conquête de la Belgique, quand la Convention nationale a déclaré ce pays réuni à la France, on n'a pas consulté les Belges, ou du moins tous n'ont pas acquiescé à perdre leur nationalité; et ceux-là n'ont jamais accepté et n'accepteront jamais la qualification de Français. Mon père, car moi j'étais trop jeune alors (j'avais au plus huit à dix ans), mon père était de ces derniers; il était attaché à la maison de l'archiduc, gouverneur des

7·

Pays-Bas; il se retira avec lui à Vienne, et, tout en continuant à parler et à étudier le français, qui est ma langue maternelle, je n'ai jamais cessé de soupirer pour l'indépendance de ma patrie, et pour la voir délivrée du joug de la France. Aujourd'hui, si j'ai pris du service dans l'armée autrichienne, c'est avec l'espoir que cette guerre aura pour résultat de refouler la France dans ses anciennes limites, et de rendre l'indépendance aux nations qu'elle a injustement et violemment réunies à son empire.

— Mais, répondis-je, votre pays en serait-il plus indépendant? Qu'il redevienne vassal de l'Autriche, ou qu'il reste sous la domination de la France, vous n'en serez pas moins soumis à des maîtres étrangers.

— La maison d'Autriche n'est pas une étrangère pour nous. Elle nous gouverne depuis des siècles, non par droit de conquête, mais comme étant aux droits de nos anciens comtes de Flandre, et comme héritière de la maison de Bourgogne, qui avait succédé à ces comtes. Aussi elle n'a jamais songé à faire de nous des Autrichiens ou des Allemands; elle nous laissait nos lois, nos coutumes, notre langage, en un mot, tout ce qui constitue une nationalité distincte. La France, au contraire, ne nous a pas eu plutôt envahis, qu'elle a tout bouleversé chez nous. Elle a commencé par détruire nos anciennes divi-

sions territoriales, et a effacé leurs noms de la carte.
Ces vieilles provinces, qui nous rappelaient de si
glorieux souvenirs, ont été fractionnées, morcelées
en départements de la Lys, de l'Escaut, des Deux-
Nèthes, des Forêts, que sais-je? Puis au lieu de
nos anciens magistrats, gouverneurs, bourgmestres,
échevins, tous gens du pays, dont les familles étaient
honorablement connues depuis un grand nombre de
générations, on nous a envoyé des préfets, des sous-
préfets, des maires, et une armée de commis et d'employés, presque tous Français. On a supprimé nos
lois et nos coutumes, pour nous imposer le code
français ; on nous a assujettis aux mêmes impôts di-
rects ou indirects que le reste de la France ; enfin on
nous a soumis à la conscription. En un mot, on ne
nous a rien laissé de ce qui était à nous, pas même
notre nom, afin de nous amalgamer plus complétement dans l'empire français. »

Je ne partageais pas toutes les idées de Fresnel ;
mais je ne pouvais m'empêcher de reconnaître qu'il
y avait du vrai dans sa manière de voir, et je sentais
au fond de moi que, si je fusse né Belge, j'aurais
pensé et raisonné comme lui.

A partir de ce moment, loin d'éprouver pour lui
de la répulsion, je ne ressentis que de la sympathie.
C'était un garçon instruit, capable, et surtout plein
de cœur et de bons sentiments : aussi la liaison que

nous formâmes alors a-t-elle survécu longtemps aux événements qui y avaient donné naissance.

Je n'ai encore rien dit du personnage principal, du chef de l'administration, qui prenait le titre de commissaire impérial et intendant des armées de Sa Majesté. Il se nommait le baron Wolf. Ce nom signifie *loup*, et lui convenait parfaitement. Il était difficile de rencontrer un personnage plus méchant, plus sournois et plus vorace que notre commissaire impérial. Il ne nous parlait jamais que d'un ton bourru et comme en colère; quoiqu'il s'exprimât bien en français, à part l'accent que les Allemands conservent toujours, il ne nous adressait que rarement la parole dans notre langue. Il nous donnait ses ordres en allemand, et Fresnel nous les traduisait devant lui. Il écoutait attentivement la manière dont celui-ci s'acquittait de ses fonctions d'interprète, et s'il trouvait qu'il n'eût pas rendu convenablement sa pensée, ou qu'il eût employé un terme impropre, alors il recommençait lui-même la traduction, et il le faisait toujours avec netteté et précision.

Il écrivait le français beaucoup mieux encore qu'il ne le parlait : non que son style fût entièrement exempt de tours germaniques; mais sa phrase, grammaticalement parlant, était toujours d'une correction irréprochable. On voyait qu'il avait fait une étude particulière des principes de notre langue; il en poussait l'application jusqu'à un purisme ridicule, et je l'ai vu se mettre en colère contre le clerc d'avoué qui nous servait de commis, et déchirer une expédition qu'il avait faite, parce que ce jeune homme avait commis je ne sais quelle faute légère, et même douteuse, contre la règle des participes.

Du reste, la colère était son état habituel, et, pour ainsi dire, normal. Un homme seul avait le don de l'apaiser au milieu de ses plus grandes fureurs : cet homme était Fresnel. Je ne sais quel ascendant mystérieux il exerçait sur lui; mais le fait est que notre loup devenait un agneau dès que le Belge l'avait seulement regardé, et lui avait dit bien bas et avec calme quelques mots que nous ne comprenions pas. Nous évitions donc autant que possible toute relation directe avec le commissaire, et nous ne communiquions ordinairement avec lui que par l'intermédiaire de Fresnel.

Grâce à ma liaison avec Fresnel et à la connaissance que j'avais de la population et de la richesse des communes de l'arrondissement, je pus empêcher beaucoup d'injustices dans la répartition des réquisitions, répartition que le commissaire faisait souvent lui-même, d'une manière arbitraire, et d'après un ancien tableau qu'il avait trouvé dans les bureaux de la sous-préfecture. Il me fut aussi possible de rendre quelques services à des particuliers, et ce fut pour moi un dédommagement des ennuis que me causaient mes fonctions de commis autrichien.

J'ai dit que des magasins d'approvisionnement avaient été établis dans la ville : celui de l'avoine fut installé dans l'église du collége, et celui du fourrage dans les remises et hangars de la maison de roulage dont j'ai parlé. Cet arrangement ne souffrit pas la moindre difficulté, grâce à l'intervention de Fresnel. Je ne me mêlai pas de l'emplacement des autres magasins, qui ne m'intéressaient guère.

Mes occupations au bureau me retenaient presque toute la journée, et je ne voyais guère la famille Diétry qu'aux heures des repas. Presque tous les jours, sous prétexte de m'assurer de l'état de situation du magasin d'avoine, je faisais une visite au collége, et je m'assurais en réalité que notre cachette était toujours intacte. Je redoublais surtout d'attention quand il y avait des changements de garnison. Ainsi le détachement du lieutenant Hirtsch partit au bout de quinze jours pour aller au camp; il fut remplacé par un bataillon de chasseurs tyroliens, et ceux-ci par d'autres troupes d'infanterie. Ces mutations eurent lieu tous les huit à quinze jours, pendant les trois mois que dura le blocus de Besançon, et à chacune d'elles j'éprouvais un redoublement d'inquiétude pour notre trésor.

Ce qui ne contribuait pas à me rassurer, c'est

que de temps en temps on apprenait que des cachettes en ville avaient été découvertes et pillées, et que les auteurs de ces méfaits étaient restés inconnus. Une ou deux fois on saisit sur des soldats des montres en argent et des bijoux provenant évidemment de vols. Notre commissaire, qui faisait aussi les fonctions de prévôt, se fit remettre les objets, et ordonna que les soldats qu'on en avait trouvés nantis reçussent chacun vingt-cinq coups de schlague.

Je fus malgré moi témoin de cette exécution, et, puisque l'occasion s'en présente, je vous dirai deux mots de cette coutume barbare qui s'est conservée dans l'armée autrichienne, et qui s'applique pour les moindres fautes comme pour les délits graves, avec la seule différence du nombre de coups, qui peut varier depuis cinq jusqu'à cinquante, et même jusqu'à cent.

Le mot *Schlag*, en allemand, signifie en général coup, action de frapper. On s'en sert aussi pour désigner l'espèce de bâton (*Stock*) employé pour les exécutions militaires. La *schlague* est une baguette de coudrier de la longueur d'un mètre vingt centimètres environ; sa grosseur réglementaire doit être telle, qu'elle puisse entrer dans un canon de fusil de munition jusqu'à la moitié de sa longueur.

Ce sont les caporaux qui sont chargés de donner la schlague, et ils portent toujours avec eux l'instrument de cette peine, suspendu par une courroie à la boutonnière de leurs capotes ou de leurs habits. C'est la marque de leur grade, comme les galons de laine cousus sur la manche le sont chez nous du grade correspondant.

Quand un homme a été condamné à recevoir un certain nombre de coups de schlague, cette exécution a lieu en présence de la compagnie ou du bataillon dont il fait partie. Le patient est couché sur le ventre, le dos en l'air. Deux caporaux armés de leurs schlagues se placent à trois pas, de chaque côté, prêts à frapper. Le mouvement qu'ils doivent faire, la manière dont ils doivent frapper, l'intervalle entre chaque coup, tout cela est réglé avec une minutie scrupuleuse, et avec autant de soin et de précision que la charge en douze temps. Ainsi, au signal donné par l'adjudant, le caporal de droite avance la jambe droite d'un pas, lève sa schlague en lui faisant décrire les mêmes mouvements qu'un chef d'orchestre qui bat une mesure à quatre temps fait exécuter à son bâton ou à son archet. Le caporal compte aussi en lui-même : un, deux, trois, quatre. Seulement ce dernier coup, que le musicien frappe sur son pupitre, le caporal exécuteur le frappe sur les reins du soldat. Pour que le coup soit assené avec une force convenable, et que le caporal ne puisse pas ménager le condamné, le règlement exige que pendant tout le temps que la baguette décrit ses mouvements en l'air, elle fasse entendre un certain sifflement qui garantisse la qualité du coup.

Aussitôt que le premier caporal a eu frappé, il ramène son pied droit à l'alignement de l'autre, pose sa canne le petit bout en bas, en la tenant toujours par la poignée, et attend, immobile, que son tour soit venu de recommencer.

Au moment où le bâton du premier caporal tombe sur les reins du soldat, le second caporal lève le sien avec les mêmes mouvements, la même mesure, le même flegme; puis, quand il a fini, le premier recommence, et ainsi de suite jusqu'à la fin de l'exécution.

Si l'un des schlagueurs manquait à une seule des prescriptions commandées par le règlement, il prendrait lui-même la place du patient, et recevrait un nombre de coups proportionné à cette infraction.

Pendant l'exécution, l'adjudant compte gravement les coups, et, quand le nombre prescrit est atteint, il ordonne aux schlagueurs de se retirer, et au patient de se relever. Celui-ci se hâte d'obéir, quand il le peut; car il arrive souvent que ses camarades sont obligés de l'emporter.

Je fus donc, comme je vous l'avais dit, témoin d'une exécution de ce genre. Elle avait lieu dans la cour du collége, précisément à l'heure où j'allais

habituellement faire ma visite au magasin d'avoine.
Fresnel, que je rencontrai, m'annonça ce qui allait
se passer, et m'engagea à assister à ce spectacle. Je
me laissai entraîner, moitié pour ne pas refuser, et
moitié aussi par curiosité. C'est lui qui me donna
tous les détails que je viens de rapporter sur la
schlague, et sur la manière dont elle devait être
administrée. Ils étaient trois condamnés, et six caporaux frappaient à tour de rôle. Aux premiers coups
on entendit des gémissements étouffés; mais bientôt
des cris déchirants retentirent, et me causèrent une
douloureuse impression. Je ne pus supporter la vue
d'un pareil spectacle, et je m'enfuis, poursuivi longtemps encore par ces cris qui me fendaient le cœur.

Quand je revis Fresnel, il se moqua de ce qu'il
appelait ma sensibilité. « J'étais comme vous, dit-il,
dans les commencements; mais c'est une affaire d'habitude, et aujourd'hui je n'y fais plus attention.
D'ailleurs il n'y a que ce moyen-là pour conduire les
soldats autrichiens : la salle de police, la prison,
usitées en France en pareil cas, ne produiraient sur
eux aucun effet.

— Cela donne une triste idée, répondis-je, du
degré de civilisation d'un peuple qu'il faut conduire
par de pareils moyens; mais il y aurait là-dessus tant
de choses à dire, que j'aime mieux garder le silence. »

En résultat définitif de cette affaire, les soldats

furent vigoureusement schlagués pour le vol qu'ils avaient commis; mais les objets volés n'en retournèrent pas pour cela à leurs propriétaires. M. le baron Wolf se garda bien de faire aucune recherche pour les retrouver; les objets restèrent chez lui, et finirent par y être *oubliés*. Il les a plus tard emportés en Autriche, sans doute avec l'intention de les rendre un jour à ceux qui iront les réclamer.

Ce trait d'indélicatesse du baron Wolf n'est rien auprès de sa conduite dans la gestion de l'administration qui lui était confiée. C'était lui-même qui avait organisé cette administration; il la dirigeait sans aucun contrôle. L'espèce de comptabilité qu'il avait établie ne semblait être faite que pour mieux couvrir ses malversations. Le fait est qu'il volait impunément et audacieusement les magasins, les pauvres communes qu'il frappait de ses réquisitions, et les soldats eux-mêmes. Il avait pour complices un grand nombre d'officiers de l'armée et (j'ai honte de le dire) des Français eux-mêmes qu'il avait chargés des fonctions de gardes-magasins.

On punissait sévèrement un malheureux soldat qui aurait pris une chemise ou un mouchoir chez son hôte; mais ces messieurs ne craignaient pas de ruiner des familles et des communes entières. Ce n'était pas le pillage dans le sens ordinaire qu'on donne à ce mot; mais c'était un gaspillage organisé, dont les effets étaient plus désastreux encore. Plus d'une fois les villageois, qui s'étaient vu enlever leurs bestiaux, leurs denrées, tout leur avoir, réduits au désespoir, s'étaient jetés dans les bois, et avaient formé des espèces de *guerrillas* contre les soldats étrangers. On ne sait quels malheurs en seraient résultés, si l'occupation eût duré plus longtemps.

Nous parlions entre nous, bien bas, chez M. Diétry, de toutes ces choses, et l'avenir nous semblait de plus en plus menaçant. Privés de toute communication avec l'intérieur de la France, nous ne savions rien de ce qui se passait. Nous avions entendu dire seulement que l'empereur avait arrêté la marche des alliés dans la Champagne, et qu'avec une poignée d'hommes il avait remporté sur eux des victoires signalées. Mais d'un autre côté nous apprenions que des masses de nouveaux ennemis franchissaient tous les jours le Rhin, et venaient renforcer les colonnes décimées dans les batailles.

Enfin, dans le courant du mois de mars, il se fit un mouvement extraordinaire dans l'armée autrichienne. Presque toutes les troupes de la garnison nous quittèrent; il ne resta que celles qui étaient strictement nécessaires pour la garde de la place.

Bientôt nous vîmes arriver par des routes de traverse où jamais troupes n'avaient passé, tout un corps d'armée qui venait des environs de Langres, et se dirigeait vers les frontières de la Suisse par la route des montagnes. Il y avait cavalerie, infanterie, et surtout une nombreuse artillerie et des convois sans fin de caissons et de fourgons.

C'était évidemment un mouvement rétrograde : mais était-ce une retraite sérieuse? n'était-ce qu'une feinte? L'air abattu des officiers autrichiens, et surtout le changement opéré en M. Wolf, qui était presque devenu aimable, me faisaient pencher pour la première de ces opinions.

Enfin je me décidai à en parler à Fresnel, quoique depuis le jour où il m'avait fait connaître ses opinions sur la réunion de la Belgique à la France, j'eusse évité avec soin de lui parler politique. Je lui demandai donc d'un air assez indifférent ce que signifiait ce passage extraordinaire de troupes venant de l'intérieur et gardant les frontières, et pourquoi la garnison de la ville avait été réduite à sa plus simple expression.

« Vous ne savez donc pas ce qui se passe? me dit-il.

— Et comment le saurais-je? nous ne recevons ni lettres ni journaux; et ce n'est pas vous, Messieurs, qui voudriez nous mettre au courant des événements.

— Pourquoi pas? Pour mon compte, si vous m'en aviez parlé, je vous aurais dit tout ce que je sais, excepté ce que mes chefs me donnent sous le sceau du

secret. Je suis avec un intérêt tout particulier les événements de cette campagne, dont j'attends les résul-
tats que vous savez. Certes, personne plus que moi
ne désire le succès des armées alliées ; mais cela ne
m'empêche pas de plaindre les malheurs de la France,
car j'aime les Français, quoique je ne veuille pas faire
partie de leur nation. Je n'aime pas Napoléon ; mais
je l'admire, et je le trouve dans ce moment-ci plus
grand que quand il marchait il y a deux ans contre
la Russie à la tête d'une armée de cinq cent mille
hommes.

« A côté de lui, je vous le dis entre nous, notre
généralissime Schwartzemberg, le général prussien
Blücher et tous les autres ne sont que des pygmées.

« Après la bataille de Leipsick, quand Napoléon
rentra en France, il ne lui restait plus d'armée, et,
s'ils avaient voulu le poursuivre, rien ne les eût em-
pêchés d'arriver à Paris en même temps que lui. Mais
ils n'ont pas osé ; au lieu de marcher en avant, ils se
sont arrêtés pendant deux mois et demi sur les bords
du Rhin, et il n'a pas fallu plus de temps à Napoléon
pour créer et organiser une nouvelle armée.

« Enfin les alliés passent le Rhin ; ils s'avancent
en tâtonnant dans l'intérieur de la France, où ils ne
rencontrent d'abord aucune résistance sérieuse. Ils
sont déjà sur les bords de la Marne ; et l'armée de
Silésie, aux ordres de Blücher, qui a traversé l'Al-

sace, la Lorraine et une partie de la Champagne, s'est mise en communication avec notre grande armée, commandée par Schwartzemberg. Ces deux armées, fortes de plus de trois cent mille hommes, sont au cœur de la France; leurs avant-gardes ne sont plus qu'à quarante lieues de Paris, quand Napoléon quitte sa capitale et marche à leur rencontre.

« Sans doute ce n'était pas avec cinquante ou soixante mille hommes au plus qu'il pouvait lutter contre des forces aussi considérables, s'il eût eu à les combattre ensemble. Mais ces trois cent mille hommes ne sont pas rassemblés sur un même point; ils occupent un grand espace, et Napoléon songe à les attaquer séparément.

« Il tombe d'abord sur l'armée de Silésie, qu'il bat à Champ-Aubert, à Montmirail et à Vauchamp. Dans ces trois affaires, qui ont eu lieu du 10 au 15 février dernier, il coupe l'armée de Silésie en plusieurs tronçons, lui enlève ses communications avec l'armée de Schwartzemberg, lui fait perdre vingt-cinq mille hommes, la plus grande partie de son artillerie et de ses bagages.

« Tandis que Blücher, battu à plate couture, se retire en désordre, Napoléon, sans perdre de temps, se retourne contre Schwartzemberg, qui s'avançait dans la vallée de la Seine; il le bat le 16 février à Guignes, puis le lendemain à Montereau. Dans ces deux affaires, les Autrichiens et ies Russes ont perdu dix-sept mille hommes. Schwartzemberg s'est vu forcé de battre en retraite rapidement sur Troyes, poursuivi sans relâche par Napoléon, qui entrait dans cette ville au moment où les alliés l'abandonnaient.

« Cette série de succès ont déterminé le mouvement rétrograde, dont l'effet se fait sentir jusqu'ici. On m'a dit même que les souverains alliés, réunis en conseil de guerre à Bar-sur-Aube, avaient un instant hésité s'ils ne se décideraient pas à battre en retraite jusqu'au delà du Rhin ; mais il paraît qu'ils sont revenus sur cette mesure pusillanime, et que de nouvelles troupes arrivées pour renforcer Blücher vont les mettre en état de reprendre l'offensive. Déjà même le contre-ordre est arrivé pour suspendre le mouvement rétrograde de notre armée, et il sera, je crois, bien difficile cette fois à Napoléon, malgré tout son génie, de lutter contre des forces dix fois plus nombreuses que les siennes.

« Il n'en est pas moins vrai que le début de sa campagne a été quelque chose de merveilleux, et qu'il s'est montré peut-être supérieur au général Bonaparte des campagnes d'Italie.

« Quant au départ de notre garnison, il a eu lieu par suite d'un mouvement de l'armée d'Augereau, qui de Lyon s'est avancé jusque dans le Jura, à Lonsle-Saulnier et à Poligny ; on craignait qu'il ne vînt débloquer Besançon, et l'on a envoyé à sa rencontre toutes les troupes qu'on a pu réunir sans trop dégarnir le blocus. Mais déjà Augereau s'est retiré, et nos troupes vont incessamment revenir prendre leur position. Du reste, les lieutenants de Napoléon ne nous inspirent pas beaucoup de crainte ; quant à lui, c'est différent. Sa présence seule, à la tête d'une armée, vaut cinquante mille hommes. »

J'avais écouté avidement les paroles de Fresnal, et surtout cet éloge de Napoléon, qui ne pouvait être suspect dans la bouche d'un ennemi. Je revins donner ces détails à M. Diétry ; ce fut matière à de sérieuses réflexions, et à une causerie de famille qui se prolongea fort avant dans la soirée.

CHAPITRE IX

Départ des Autrichiens. — La paix. — Ouverture de la cachette.
— *Ce que Dieu garde est bien gardé.*

Depuis ce jour, Fresnel me donna fréquemment des
nouvelles de ce qui se passait. Les espérances qu'a-
vaient pu laisser concevoir les dernières victoires de
Napoléon ne tardèrent pas à s'évanouir. Tandis qu'il
s'avançait, à la poursuite de Schwartzemberg, jusqu'à Vitry-le-Français, l'armée de Silésie, renfor-
cée de plus de cinquante mille hommes de troupes
fraîches, marchait directement sur Paris. Pendant ce
temps-là, Lyon ouvrait ses portes à l'ennemi; Wel-
lington, à la tête d'une armée composée d'Anglais,
d'Espagnols et de Portugais, occupait Bordeaux.

L'empereur revint sur ses pas pour couvrir Paris;
mais, arrivé à Fontainebleau, il apprend que cette

ville a capitulé, et que les souverains alliés y ont fait leur entrée le 2 avril. La trahison d'un de ses lieutenants va le livrer sans défense au pouvoir de ses ennemis. Il abdique, et celui qui naguère était l'arbitre de l'Europe, et qui commandait à des armées innombrables, est relégué dans une petite île de la Méditerranée, avec huit à neuf cents hommes de sa garde restés dévoués à sa fortune.

En même temps les Bourbons, exilés depuis près de vingt-cinq ans, sont rappelés sur le trône de France, et signent la paix avec les souverains alliés. Tel fut le dénoûment du drame sanglant qui se jouait depuis tant d'années.

Ces nouvelles nous parvinrent presque coup sur coup pendant les premiers jours d'avril. Les alliés ne s'étaient pas montrés généreux, et la paix qu'ils avaient forcé les Bourbons de signer était humiliante; mais enfin c'était la paix; elle fut acceptée avec joie par la masse des populations.

Les communications ne tardèrent pas à se rétablir. Je reçus des lettres de ma mère, qui témoignait le désir de me voir le plus tôt qu'il me serait possible. De mon côté, je lui annonçais que, la réorganisation des bureaux de la recette particulière terminée, je m'empresserais de me rendre auprès d'elle.

Bientôt l'armée du blocus de Besançon nous quitta. Fresnel ne voulut pas retourner en Autriche; il de-

meura quelque temps en France, puis il alla habiter
la Belgique. Nous avons entretenu ensemble une correspondance pendant plusieurs années.

Après le départ de l'armée de blocus, après le
passage par notre ville de plus de trente mille hommes
de divers corps étrangers qui regagnaient la frontière, enfin, quand nous fûmes complétement débarrassés de la présence de *nos amis les ennemis,*
comme on les appelait, il fut question d'ouvrir les
cachettes, et de rendre à chacun les objets qu'il y
avait enfouis.

M. l'abbé David voulut donner une sorte de solen-
nité à l'ouverture de la cachette du collége. Il con-
voqua toutes les personnes qui y étaient intéressées;
la famille Diétry s'empressa d'y assister, car Mme Diétry désirait voir ce fameux réduit introuvable, dont
je lui avais tant parlé, et Mlle Aglaé était impatiente
de ravoir sa montre et sa chaîne.

Quand l'assemblée fut au grand complet, on ad-
mira avec quelle adresse l'ouverture avait été déguisée, et chacun faisait des conjectures sur l'endroit
où probablement elle devait se trouver. Après les
avoir laissés un peu chercher, M. David m'appela,
et nous mesurâmes avec la corde, comme nous l'a-
vions déjà fait une fois pour reconnaître le milieu
de l'entrée. Un ouvrier maçon qu'il avait fait venir
tout exprès (car cette fois on ne craignait pas une

coopération étrangère) se mit aussitôt à la besogne, et à coups de pic, de pioche, et à l'aide d'une pince, il eut bientôt pratiqué une ouverture suffisante pour le passage de deux personnes.

« Allons, monsieur de Villette, me dit l'abbé, c'est vous qui êtes entré le dernier, les objets que vous y avez placés doivent se trouver des premiers : il faut les enlever d'abord pour dégager les autres. »

J'entrai aussitôt dans l'intérieur de la cachette, et j'en retirai les deux malles de Mme Diétry.

« Et la cassette? s'écrièrent en même temps la tante et la nièce.

— La voici, répondis-je; et je sortis en tenant un petit coffre en bois.

— Mais ce n'est pas à moi ce coffre-là, dit Mme Diétry; ma cassette n'est pas si élégante.

— C'est à moi, dit Mme Bracieux, et la preuve, c'est que voici la clef. » Et en disant ces mots elle ouvrit son coffre. Après un examen sommaire, elle ajouta : « Rien n'y manque, et tout est parfaitement conservé. »

Pendant ce temps-là, j'étais retourné dans l'intérieur de la cachette, furetant de tous côtés à l'aide d'une lanterne et ne trouvant rien.

Je revins désespéré, Mme Diétry commençait à s'alarmer, et déjà les yeux d'Aglaé se mouillaient de larmes.

« Il ne faut pas se décourager, dit l'abbé David; il se peut faire que la cassette soit tombée dans quelque coin, pendant le travail de démolition qu'on vient de faire, elle se retrouvera quand on aura retiré tous les autres objets qui embarrassent l'intérieur. »

On se mit à l'œuvre, et moi avec plus d'ardeur que personne. Tous les objets qui garnissaient la cachette furent retrouvés intacts; mais on fouilla dans tous les coins et recoins avec l'attention la plus scrupuleuse; M. Diétry, l'abbé et moi, nous passâmes plus d'une demi-heure à cette exploration, et nous ne trouvâmes rien.

Toutes les autres personnes, qui ignoraient la valeur des objets renfermés dans cette cassette, mais à qui Mme Diétry avait dit seulement que cette valeur était considérable, restèrent jusqu'à ce que nous eussions fini nos recherches. On visita ensuite le dessus des voûtes dans tous les sens; puis, quand on fut bien convaincu qu'il n'y avait rien, tout le monde se retira. Les étrangers partirent les premiers, adressant leurs compliments de condoléance à Mme Diétry, et lui exprimant la part qu'ils prenaient à la perte qu'elle avait faite.

Quand nous fûmes seuls, l'abbé David m'interrogea pour rappeler mes souvenirs. Hélas! ils étaient bien confus, et je ne pouvais me rendre compte de la manière dont s'était effectué le transport des malles de chez Mme Diétry sous les voûtes de la chapelle. Tout ce qui m'était resté dans l'esprit, c'est que je croyais fermement avoir vu la cassette dans l'endroit où j'avais trouvé celle de Mme Bracieux.

On interrogea ensuite les trois jeunes gens qui m'avaient accompagné ; leur mémoire n'était pas plus fidèle que la mienne. Un seul se rappelait vaguement de m'avoir vu sortir du salon de Mme Diétry une espèce de coffre à la main ; mais il ne me l'avait pas revu dans le trajet, ce qui d'ailleurs eût été difficile à cause de l'obscurité. Les deux autres ne se rappelaient absolument rien, si ce n'est qu'après avoir bu d'excellente liqueur que leur avait donnée Mme Diétry, ils s'étaient sentis accablés de sommeil.

« Et M. de Villette aurait-il bu aussi de cette liqueur ? demanda M. Diétry.

— Comme nous, répondirent-ils.

— Quelle était cette liqueur ? demanda M. Diétry à sa femme.

— C'était de notre bonne liqueur des îles. Il faisait une nuit froide et humide, et j'ai pensé que cela réchaufferait ces jeunes gens.

— Madame, reprit l'abbé, vos intentions étaient fort bonnes ; mais vous ne vous doutiez pas de l'effet qu'elles produiraient. Le fait est, je me le rappelle parfaitement maintenant, que ces jeunes gens sont arrivés près de moi, non en état d'ivresse, il n'y en avait certes aucun symptôme, mais dans un état de torpeur, de somnolence, tel, qu'ils n'ont pu m'être, pour ainsi dire, d'aucune utilité, et que j'ai été obligé de les envoyer se coucher. Maintenant, de cette espèce d'enquête nous pouvons conclure que pendant le trajet de chez vous ici la cassette se sera échappée des mains engourdies de M. de Villette, sans qu'il s'en soit aperçu. Comment et où? Je n'en sais rien, ni lui non plus. C'est un malheur qui me paraît irréparable; car il est plus que probable que la cassette n'aura pas été perdue pour tout le monde. Est-elle tombée entre les mains de quelque habitant de la ville? A-t-elle été la proie des Autrichiens? Nous ne le savons pas davantage. Si par hasard elle était tombée entre des mains honnêtes, peut-être, en mettant des affiches, parviendrait-on à la retrouver; mais c'est une chose fort douteuse, et que je ne vous donne que pour ce qu'elle vaut. »

Nous quittâmes l'abbé David la douleur dans l'âme. Mme Diétry était désolée; elle s'accusait d'être la cause de ce malheur, et son mari ne pouvait parvenir à la consoler. Mais rien ne me causait plus de peine que la pauvre petite Aglaé; elle pleurait à chaudes larmes, et ses sanglots étaient comme autant de pointes acérées qui m'entraient dans le cœur.

Je n'essaierai pas de peindre ce que j'éprouvais.

Je n'osais plus paraître devant aucun membre de la famille, et je restai toute une journée enfermé dans ma chambre, en proie au plus violent désespoir. Enfin, après avoir roulé dans ma tête mille et mille projets bizarres sans m'arrêter à aucun parti, mes yeux se fixèrent par hasard sur un crucifix placé au fond de mon alcôve; soudain, et sans réflexion, je me jetai à genoux, et je me mis à prier. Je priai longtemps et avec ferveur, et à mesure que la prière s'échappait de mon cœur plus encore que de mes lèvres, je sentais un sentiment indicible et presque de la joie pénétrer dans mon âme.

Quand je me relevai, j'étais un tout autre homme. Dieu m'avait inspiré une résolution ferme, inébranlable, et j'allai sur-le-champ la communiquer à M. Diétry.

Je le trouvai seul dans son cabinet, et je lui dis : « Monsieur, ma négligence et mon étourderie vous ont causé, ainsi qu'à Mlle votre nièce, une perte considérable. Il est de mon devoir de la réparer. Je vais partir pour Orléans, où m'attend ma mère. La première chose que je ferai en arrivant sera de réaliser sur mes biens personnels la somme équivalente à celle dont j'ai causé la perte. Si mes biens particuliers sont insuffisants, je connais ma mère, elle n'hésitera pas à compléter sur les siens ce qui pourra me manquer. Je partirai demain de grand matin; présentez mes hommages à Mme Diétry, et rappelez-moi au souvenir de votre nièce; je ne veux les revoir que quand j'aurai réparé le mal que j'ai fait.

— Avez-vous bien réfléchi, mon ami, me dit M. Diétry avec bonté, à ce que vous me dites là?

— Parfaitement, Monsieur, et je vous déclare que ma résolution est inébranlable.

— Mais, mon cher, je connais votre fortune; elle consiste principalement en immeubles, et dans ce moment-ci les biens-fonds perdent considérablement de leur valeur.

— Je vous ai dit que ma mère me viendrait en aide.

— Sans doute, mais votre mère elle-même n'est pas plus riche que vous; et irez-vous à son âge la priver d'une partie de ses revenus, tout juste suffi-sants pour subvenir honorablement à ses besoins?

— Je suis jeune, Monsieur, et je travaillerai de manière que ma mère n'éprouve aucune privation.

— Enfin, mon ami, vous n'êtes pas majeur, et vous ne pouvez, dans cette condition, exécuter aucun de vos projets.

— C'est vrai; mais, c'est aujourd'hui le 10 mai; dans deux mois, le 10 juillet prochain, j'aurai atteint ma majorité, et je vous prie de croire, Monsieur, que ma résolution ne changera pas d'ici là.

— Eh bien! si vous êtes encore dans les mêmes

intentions à cette époque nous verrons. Mais je dois dès à présent vous dire, mon ami, que votre résolution vous honore, et que c'est noblement réparer une faute involontaire. Quant à ce qui me concerne, je vous déclare d'avance que je n'accepterai aucune indemnité; pour ce qui regarde ma nièce, c'est différent. Je suis son tuteur, et je dois veiller à ses intérêts. Si, quand vous aurez atteint votre vingt et unième année, vous persistez dans votre résolution, j'agirai comme un tuteur doit agir, en pareille circonstance, à l'égard de sa pupille. Seulement, je vous engage à ne pas vendre vos immeubles, car vous ne pourriez le faire qu'à vil prix ; faites simplement une obligation de la somme, hypothéquée sur ces mêmes immeubles et sur ceux de madame votre mère, si elle y consent. Cette obligation ne sera payable qu'à la majorité d'Aglaé, ou à l'époque de son mariage, si elle se marie avant cette époque.

— Si vous croyez un acte de cette nature suffisant, je suivrai votre conseil. »

Après cet entretien, je me sentis le cœur bien soulagé, et je me préparai à mon départ pour le lendemain à trois heures du matin ; car je devais prendre place dans la diligence de Strasbourg à Besançon, qui passait à cette heure à Baume.

Comme j'achevais de fermer ma malle, la bonne vint me prévenir que M. et Mme Diétry m'attendaient au salon. Dès que je parus, Mme Diétry me dit : « Comment, monsieur de Villette, vous vouliez partir sans me dire adieu, ni à la pauvre Aglaé, que votre départ contrarie déjà assez? Le malheur qui est arrivé doit-il rompre tous les liens d'amitié qui nous unissaient? Avez-vous craint d'entendre de ma bouche le moindre reproche? Ce serait peu me connaître; car, loin de songer à vous en adresser aucun, je n'ai pensé qu'à vous plaindre.

— Madame, je connais vos bontés pour moi; ce n'était pas par ingratitude que je voulais partir sans vous voir, M. Diétry a dû vous dire les motifs...

— Oui, interrompit en souriant Mme Diétry; il m'a dit que vous étiez un grand enfant, mais plein de cœur, et il m'a mis au courant de vos projets pour Aglaé.

— Et moi, dit à son tour Aglaé en reprenant son petit air mutin d'autrefois, je déclare que je n'approuve point tous ces beaux projets. Je ne regrette qu'une chose, c'est la chaîne et la jolie petite montre d'or que mon oncle m'a donnée. Si M. de Villette veut m'en acheter une à peu près pareille, je n'en demande pas davantage, et je le tiens quitte du reste.

— Heureusement, Mademoiselle, répondis-je, que vous n'êtes pas en âge de décider une pareille question dans un sens si contraire à vos intérêts.

— Ni vous non plus, vous n'êtes pas en âge, mon oncle l'a dit.

— Oui, mais dans deux mois je le pourrai.

— Et moi dans huit ans, et dans huit ans comme aujourd'hui, je refuserai tout, excepté, bien entendu, la chaîne et la montre.

— D'ici là, reprit la tante, il se passera bien des choses; en attendant, souhaitons un bon voyage à M. de Villette. » En parlant ainsi, elle avait repris sa gaieté ordinaire, et toute trace de l'émotion de la veille avait disparu.

Cinq jours après avoir quitté la famille Diétry, j'embrassais ma mère.

Qu'elle était heureuse, cette bonne mère, de me revoir après une séparation si longue, et que les derniers événements avaient rendue si douloureuse!

« Dieu soit béni! s'écriait-elle; je puis maintenant entonner le cantique de Siméon, *Nunc dimittis*; car j'ai vu revenir mon fils et rentrer nos rois légitimes, nos rois qui nous ont ramené la paix, et qui m'ont ramené mon fils avec elle. »

Ma mère, comme on le voit, était une ardente royaliste, et ses affections maternelles se confondaient avec ses affections politiques.

Malgré la tendresse avec laquelle je répondais aux caresses de ma mère, elle ne tarda pas à s'apercevoir qu'un profond chagrin me troublait l'esprit. Elle m'interrogea avec une sollicitude toute particulière au cœur d'une mère. Je lui racontai dans ses moindres détails le malheur qui m'était arrivé, et la résolution que j'avais prise pour le réparer.

Après m'avoir écouté avec attention, elle réfléchit un instant, puis me dit : « Mon enfant, tu as sagement fait de prendre la résolution dont tu viens de me parler, et je te remercie de m'avoir jugée en disposition de m'associer à cet acte de justice. Il n'y avait pas deux partis à prendre, ni à hésiter un instant. Tu as fait ce qu'aurait fait ton père, ce qu'aurait fait ta mère, si un pareil malheur leur fût arrivé. Ta conscience doit donc être en repos ; et alors pourquoi ce chagrin qui t'agite ? C'est une perte considérable, j'en conviens ; mais après tout *plaie d'argent n'est pas mortelle ;* et nous aviserons un moyen de la guérir. J'ai maintenant de puissants protecteurs auprès de nos princes légitimes, et je suis persuadée que j'obtiendrai facilement, par leur entremise, une place lucrative pour toi, et au moyen de laquelle tu pourrais réparer, avec de l'ordre et de l'économie, la brèche faite à ton patrimoine. »

Ces paroles de ma mère rétablirent complétement le calme dans mon âme, et j'attendis dans une parfaite tranquillité d'esprit l'époque où je pourrais réaliser mes projets.

Le 11 juillet, le jour où ma vingt et unième

année s'était accomplie, j'allai trouver un notaire, et
je le chargeai de rédiger un acte dans le sens que
m'avait indiqué M. Diétry. L'acte fut dressé, ou plutôt un projet d'acte; car, pour le rendre définitif, il
fallait qu'il fût approuvé par M. Diétry. En consé-
quence, j'envoyai ce projet à M. Diétry, après l'avoir
signé, afin de me trouver engagé définitivement de
mon côté.

Courrier par courrier, je reçus la réponse suivante,
avec mon acte déchiré. Voici la lettre de M. Diétry.
Je l'ai conservée comme la preuve d'un fait très-
curieux, et qu'on pourrait traiter de fable, s'il n'était
constaté par des témoignages authentiques.

« Je vous renvoie votre acte en morceaux, comme
« étant nul et de nul effet.

« — Bah! allez-vous vous récrier, est-ce que
« Mᵉ Marteau, un des premiers notaires d'Orléans,
« est capable de faire des actes nuls? »

« Dieu me garde d'en avoir la pensée! Mais lisez-
« moi jusqu'au bout, et vous allez savoir pourquoi
« le susdit acte est radicalement nul, et n'a pas seu-
« lement la valeur d'une feuille de chou. »

J'avoue que ce début m'intriguait fort, et je me
hâtai de continuer la lecture.

« Après votre départ de Baume, je fis mettre des
« affiches dans la ville et dans la plupart des com-
« munes de l'arrondissement, pour annoncer qu'il
« avait été *perdu* une cassette (suivait la description),
« avec promesse d'une forte récompense à qui la
« rapporterait. Je fis insérer des annonces en ce sens
« dans les journaux du département et des départe-
« ments voisins. J'en fus pour mes frais d'affiches
« et d'annonces. Enfin nous étions résignés, et nous
« n'en parlions plus.

« Il y a environ une quinzaine de jours que le col-
« lége, après avoir été lavé de la cave aux greniers,
« a été rouvert aux élèves.

« Hier, ma femme avait envoyé sa domestique
« faire je ne sais quelle commission auprès de l'abbé
« David. En revenant elle entra par hasard à la cui-
« sine, et se mit à causer avec le chef. La conversa-
« tion tomba naturellement sur la perte que nous
« avions faite, et cette fille disait à son interlocuteur :
« N'est-il pas bien malheureux que, quand tous
« ceux qui se sont servis des cachettes n'ont pas
« perdu une épingle, mes maîtres aient fait une perte
« aussi considérable?

« — Mais cette cassette, reprit le cuisinier, était
« donc bien petite, pour qu'on ait pu la soustraire
« ainsi sans qu'on s'en aperçût?

« — Mais non, pas déjà si petite..., elle était d'une

« bonne grandeur (et ses yeux se promenaient au-
« tour de la cuisine), tenez, à peu près comme ce
« coffre que voilà dans ce coin. Eh! mon Dieu! fit-
« elle en fixant plus attentivement ses regards sur
« cet objet, je crois, Dieu me pardonne, que c'est
« là notre cassette!

« — Ça? fit le cuisinier en riant, elle serait
« propre, votre cassette! C'est un vieux coffre qui
« servait de décrottoir, d'escabeau, de marche-
« pied aux Autrichiens; un véritable souffre-dou-
« leurs, quoi! Ils ont même, à ce qu'il paraît, tenté
« de le brûler, car une partie du couvercle est char-
« bonnée; du reste, c'est ce que je me propose de
« faire un de ces jours; car il est si sale, si couvert
« de graisse et de cirage, que je ne voudrais pas le
« toucher avec des pincettes, et qu'on ne peut en
« faire autre chose que du feu. »

« Pendant que le chef parlait, la domestique s'é-
« tait approchée davantage. « Oh! je commence à
« croire comme vous que ce n'est pas cela, » dit-elle,
« tout en le soulevant par la poignée, puis tout à
« coup : « Mais il est fermé, s'écria-t-elle, il est
« lourd... Si pourtant c'était la cassette de Madame!
« Voulez-vous me permettre de l'emporter?

« — Oh! bien volontiers, quoique vous ayez peut-
« être tort, parce que vous allez donner une fausse
« joie à votre maîtresse. »

« La servante ne se fit pas répéter la permission.
« Elle ne fit que deux enjambées du collége à la mai-
« son, avec le coffre à la main.

« Voyez, Madame, fit-elle en arrivant, voyez ce
« que je viens de trouver. » Et elle tomba tout hors
« d'haleine sur une chaise.

« Ma femme avait du premier coup d'œil reconnu
« sa cassette, malgré la couche noirâtre qui la cou-
« vrait. Elle en avait la clef dans un petit trousseau
« qui ne la quittait jamais. Pâle, éperdue, elle s'em-
« presse de l'ouvrir... Tout était intact, rangé dans
« le même ordre qu'au moment où elle l'avait fer-
« mée; elle la vide en entier; pas un bijou, pas une
« pièce d'or, pas un billet de banque ne manque.
« Aussitôt elle m'appelle à grands cris, elle appelle
« sa nièce, nous accourons... Je vous laisse juger de
« notre joie, de notre bonheur. Aglaé trépignait
« comme une folle, et baisait, en versant des larmes,
« sa montre et sa chaîne. Que n'étiez-vous présent
« à cette scène ! ç'a été notre pensée à tous.

« Je me suis empressé aussitôt de vous écrire cet
« heureux événement; mais ma lettre n'était pas
« achevée quand le facteur est venu m'apporter
« votre dépêche chargée, contenant le fameux acte
« que je vous renvoie.

« Comprenez-vous maintenant pourquoi cet acte
« est radicalement nul, sans que cela ôte rien au mé-

« rite de M⁰ Marteau, votre notaire? Mais si cet écrit
« n'a plus de valeur comme acte, il en a une grande
« à nos yeux, comme preuve authentique de votre
« loyauté et de votre délicatesse.

« Maintenant ma femme se charge de vous pré-
« senter une requête. Comme cette veuve dont parle
« l'Évangile, qui, après avoir retrouvé l'unique
« drachme qu'elle avait perdue, convoque ses voi-
« sines et ses amies pour se réjouir avec elle, ma
« femme veut célébrer par une fête le retour inat-
« tendu, inespéré, d'une partie considérable de la
« fortune de sa nièce. Mais cette fête ne serait pas
« complète si vous n'y étiez pas; elle compte donc
« sur votre présence. Elle désirerait bien encore que
« madame votre mère pût y assister; le voyage,
« dans cette saison, ne pourrait que lui faire du bien,
« et nous serions si heureux de la posséder pendant
« quelque temps!

« Tâchez donc de l'engager à vous accompagner.
« Pour lui donner tout le temps de la réflexion, et
« toute facilité pour ce voyage, ma femme a fixé
« cette petite fête à l'Assomption prochaine, c'est-
« à-dire dans un mois; c'est la fête d'Aglaé, et elle
« veut la célébrer cette année d'une manière excep-
« tionnelle. Cela en vaut bien la peine. »

J'eus besoin de me reprendre à plusieurs fois pour

achever la lecture de cette lettre, tant était grande
mon émotion.

Quand ma mère en eut pris connaissance, elle
m'embrassa à plusieurs reprises, en pleurant de joie :
« Remercie Dieu, mon enfant, d'un si grand bien-
fait, c'est par là qu'il faut commencer. » Et tous deux
nous nous mîmes à genoux, et nous adressâmes des
actions de grâces au Seigneur pour cette faveur si-
gnalée.

Quand elle fut un peu remise, ma mère reprit :
« Certainement, je répondrai à l'invitation de
Mme Diétry. Je veux renouveler connaissance avec
cette brave famille, et voir de près cette fameuse
cassette, qui t'a causé tant d'inquiétude et de tour-
ment. »

Nous partîmes effectivement pour Baume dans les
premiers jours d'août, et comme nous voyagions à
petites journées, nous n'arrivâmes que le 12 à notre
destination. On devine l'accueil qui nous fut fait.

La fête fut charmante. Parmi les invités se trouvaient toutes les personnes qui avaient eu des objets
renfermés dans la cachette. L'abbé David était assis à
la place d'honneur, à droite de Mme Diétry. Au dessert,
on apporta au milieu de la table la cassette si mira-
culeusement conservée ; on avait eu soin préalable-
ment de la laver et de la nettoyer, et on l'avait remplie de fleurs et de fruits de la saison.

Alors on reprit toute l'histoire des vicissitudes et des dangers auxquels elle avait été exposée pendant quatre mois qu'elle était restée dans un corps de garde où avaient passé tant de milliers de soldats, sans qu'un seul se fût avisé de l'ouvrir, ce qui pouvait se faire si facilement avec la pointe d'un sabre, d'une baïonnette ou même d'un couteau. Les commentaires et les réflexions mêlés de quelques quolibets à mon adresse se succédèrent rapidement.

« Oh! Messieurs, dit Mme Diétry, ne plaisantez pas M. de Villette, il a payé assez cher et il a noblement réparé un moment d'étourderie bien excusable à son âge et dans les circonstances où il s'est trouvé. »

Chacun se tut; car on connaissait le projet que j'avais formé pour réparer ma faute.

« Vous avez raison, Madame, dit l'abbé David; la seule réflexion que puisse nous inspirer cette aventure vraiment extraordinaire, c'est celle que je vous adressais lorsque vous me consultiez sur le plus ou moins de sûreté des cachettes. Je vous dis alors, comme je le répète encore aujourd'hui : *Ce que Dieu garde est bien gardé.* »

De ce moment personne ne s'avisa plus de me plaisanter, une seule exceptée : c'était Mlle Aglaé, qui continua à me taquiner plus qu'elle n'avait jamais fait. Mais plus tard je m'en suis bien vengé.

« Et comment, mon bon papa, demanda un des

petits-fils de M. de Villette, vous êtes-vous vengé de Mlle Aglaé?

— En l'épousant, reprit le vieillard en riant. Oui, mes enfants, l'espiègle, la lutine petite Aglaé dont je vous ai si souvent parlé dans ce récit, n'est autre que votre vénérable grand'maman.

— Mais, objecta le lycéen, bonne maman ne s'appelle pas Aglaé, elle s'appelle Marie; car nous lui souhaitons toujours sa fête le 15 août.

— Oui; mais, étant enfant, elle s'appelait Aglaé, nom par trop mythologique qu'on lui avait donné je ne sais pourquoi, et qu'elle a eu soin de rejeter pour reprendre le beau nom de Marie, son véritable nom, qu'elle avait reçu au baptême.

— Mais, bon papa, vous nous avez dit tout à l'heure qu'elle n'avait que treize ans. Est-ce qu'on se marie à treize ans?

— Non, mon enfant; mais pendant son séjour à Baume, qui dura plus d'un mois, ma mère, M. et Mme Diétry parlèrent de cette union comme d'un projet qui pourrait s'exécuter plus tard, s'il convenait toutefois aux parties intéressées.

« Ce mariage eut lieu effectivement cinq ans après, à l'époque où j'avais vingt-six ans, et où la petite Aglaé était devenue Mlle Marie Diétry, jeune personne de dix-huit ans, tout à fait raisonnable.

« Parmi les présents de noces, à côté de la cor-

beille de mariage, figurait la fameuse cassette. Elle
contenait la dot de la jeune mariée, augmentée par
les soins de son tuteur, qui l'avait portée à quatre-
vingt mille francs. Elle renfermait en outre le même
service d'argent, les mêmes bijoux, les mêmes dentelles qui la garnissaient à l'époque de son séjour au
corps de garde des Autrichiens. C'était un des ca-
deaux de noces que Mme Diétry faisait à sa nièce.
Enfin elle y avait ajouté un magnifique voile de den-
telle, sur lequel étaient brodées mes armoiries, avec
cette devise que j'ai adoptée depuis : *Ce que Dieu
garde est bien gardé.*

FIN

TABLE

3971. — Tours, impr. Mame.